Cuentos Militantes

ANTONIO ONTAÑÓN PEREDO

Memorias (in) surgentes

Julio de 2024 | La Vorágine, editorial crítica

Cuentos militantes es un libro de Antonio Ontañón Peredo publicado en la colección memorias(in)surgentes de la Editorial La Vorágine.

ISBN 978-84-127446-1-3
Imagen de portada: Colección Mario García-Oliva. Archivo Desmemoriados Memoria Colectiva de Cantabria.
Difunde, comparte, disiente

La Vorágine
Calle Cisneros, 69
39007 Santander
www.lavoragine.net/editorial/
editorial@lavoragine.net | 942 375226

a mi madre Marta
a mi padre Antonio
a mi hermano Roberto
a mi hermana María
a mi hermana Marta (*in memoriam*)

La memoria es militancia

Caminamos calles sin memoria y nos cruzamos con gentes cuyo sentido desconocemos. Repetimos tópicos, comemos queso, abrazamos sin profundizar, escuchamos sin preguntar, preguntamos —en muchas ocasiones— sólo lo evidente. Y luego está la realidad. Llena de detalles, de recuerdos, de contradicciones, de silencios, de olvido.

Los *Cuentos militantes* de Antonio Ontañón Peredo son los relatos de nuestras vidas. Es probable que nosotras no viviéramos lo mismo, ni en la misma calle, ni con padres y madres similares, ni con maestros tan siniestros como los de Antonio. Pero lo que es seguro es que el barrio, la ciudad, los vecinos en los que /con los que habitamos sí están compuestos de memoria, de silencios, de huellas indelebles.

Militar, en este país, sigue teniendo algo de estigma. Negativo, para la mayoría silenciosa de la que gusta el franquismo político. Positivo, casi heroico, para quienes, durante muchos años fueron parias en su propia sociedad. Pero la realidad es que de militancias está preñada la historia de las conquistas sociales: algunas verdaderamente grandes, otras tan mínimas como fundamentales para sus protagonistas.

Lo que hace Antonio Ontañón Peredo en este libro es un regalo a nuestra memoria colectiva. Para ello, regresa a la infancia, a su infancia, y completa un mosaico cotidiano donde ver a la madre ser detenida o visitar a los amigos de la familia en la cárcel o en las siniestras comisarías del tardofranquismo es una rutina plagada de una dignidad difícil de explicar.

Algunas lectoras y lectores van a reconocer (se); otras se van a sorprender de la profunda verdad de esta ficción tan impregnada de realidad.

Que estos *Cuentos militantes* se sumen a su memoria cuando los haya terminado, que el olvido de lo que somos no siga engordando por más tiempo, que la literatura y la realidad se fundan en un abrazo comprometido con la vida y las libertades.

Nosotras, desde ya, estamos agradecidas al autor y a su generosa memoria. Un lujo editar este libro, una necesidad leerlo.

Colectivo La Vorágine, Santander. Julio de 2024.

El infierno de Manuel Hedilla

Nunca hubiera imaginado Manuel Hedilla la sentencia que dictó aquel tribunal de Salamanca en julio de 1937. Cuando se levantó para oírla tuvo una sensación de irrealidad que le acompañó durante mucho tiempo. Pena de muerte por conspiración contra Franco. Pena de muerte para él, quien hasta muy pocos días antes era el jefe de Falange de toda España hasta que José Antonio fuera liberado de la prisión republicana de Alicante. Acató la sentencia sin pestañear aunque con una evidente palidez y sin saber por qué se acordó de una enorme manifestación que había tenido lugar un año antes, en junio del 36, y que había significado el inicio definitivo de su fulgurante carrera política. Fue la manifestación más grande que había tenido lugar nunca en esa ciudad, que era la suya. Con una población de ochenta mil habitantes, veinte mil habían asistido al gigantesco acto del entierro del periodista Luciano Malumbres, director del diario izquierdista La Región.

El cuerpo de Luciano Malumbres medía solo un metro y cincuenta y cuatro centímetros. Tenía una cabeza desproporcionadamente grande y gruesas gafas de miope prematuro. Había sido un valiente periodista que no había dejado de denunciar el caciquismo santanderino pese a todas las presiones: multas, procesos judiciales, consejos de guerra, encarcelamientos y agresiones físicas en plena calle. Manuel Hedilla, sin embargo, se tenía a sí mismo por un hombre guapo, gallardo falangista, y, cuando tuvo el poder suficiente, dio la orden de matar a Malumbres: ese rojo enano entrometido que sólo denunciaba lo que todo el mundo sabía y no había necesidad de explicar. Hubo algo de justicia estética en esa orden: la eliminación de lo feo, la eliminación del desorden, la afirmación del poder de los fuertes. Nunca se confirmó oficialmente su implicación en el asesinato. Tampoco se investigó demasiado debido a los tiempos que corrían. Pero, ahora, era él mismo, Manuel Hedilla, a quien el mismísimo Franco había condenado a muerte a través de sus tribunales.

En el instante mismo en el que esa corte de justicia de pantomima leyó la sentencia, Manuel Hedilla pensó en cuánta gente de Santander iría a su entierro. Si le fusilaban rápido, en la misma ciudad de Salamanca en la que estaba, no iría nadie, evidentemente, porque Santander todavía no había sido conquistada. Si tardaban un poco más por la apelación y lo fusilaban en la misma Salamanca, era probable que ya hubiera caído Santander y cuando llevaran su cuerpo quizás recibiera algún homenaje. Pero... homenaje... ¿de quién? Si Franco le había condenado a muerte a él... que era uno de los suyos, que era el jefe de la Falange. Le había condenado por conspiración e «izquierdismo». De repente, tuvo la doble certeza de que su muerte no era inminente pero que se había convertido, irremediablemente, sin posibilidad alguna de marcha atrás, en un auténtico paria político y social. Su vida no solo no valía nada, sino que ya no era suya, no tenía ningún poder sobre ella. Estaba ahora a merced de lo que decidiera no ya el Generalísimo, para quien no representaba ya nada, sino su Estado Mayor. Miró a su mujer, a quién le habían permitido asistir a la vista del juicio sumarísimo. Vociferaba. No podía para de gritar. No se podía creer lo que estaba viendo, lo que estaba oyendo. No lo admitía. Con las ilusiones que había depositado en ese apuesto hombre que desde la nada, desde un minúsculo pueblo de la provincia y desde una familia mediocre, se había convertido en una figura fundamental de la Falange y sustituto provisional de José Antonio. Manuel Hedilla, que había sido hasta hacía pocos días el político español preferido del delegado del partido nazi y de la embajada alemana en España... Seguro que ellos podrían hacer algo. Seguro que podrían interceder por él. Seguro que todo era un horroroso malentendido que pronto se aclararía. Sin duda, la sentencia era el producto provisional de sus enemigos políticos, pero pronto se resolvería todo.

En efecto, al cabo de poco tiempo se celebró otro juicio de apelación y la condena a muerte fue conmutada por la de cadena perpetua. La orden franquista de unificación de todas las fuerzas

políticas de su bando bajo un único partido político, que el reo
se negaba a aceptar, se ejecutó sin ninguna resistencia, y Manuel
Hedilla volvió a la cárcel de Salamanca a esperar otro destino
penitenciario en el que purgar su larga condena. Sin embargo,
nunca hubiera podido imaginar el producto del sadismo y la
creatividad maligna de las mentes de los jueces de su tribunal.
Manuel Hedilla nunca fue un hombre imaginativo, ni culto,
ni leído. Ni siquiera había tenido ningún éxito en los negocios
que había ido montando a lo largo de su vida. Su oficio, básicamente, era el de mecánico de automoción. Pero tenía un
instinto privilegiado para saber interpretar políticamente los
deseos de los poderosos y ponía en ello una furia, una convicción y una determinación que deslumbró a José Antonio en
su visita a Santander en 1935. Inmediatamente, lo nombró jefe
local de Falange. Nunca había escondido su origen sencillo e
incluso dominaba una retórica obrerista corporativa que junto
a su autoritarismo y su odio a la gente de izquierdas le convertía
en un político del agrado de las autoridades alemanas. Su falta
de imaginación, perspectiva política y habilidad social le había
llevado hasta donde estaba, pero era casi imposible que pudiera
imaginar lo que le esperaba en prisión.

Aun caído en desgracia esperaba un trato deferente por su
anterior cargo y condición y, ya que su condena a muerte había
sido conmutada, esperaba disfrutar de algún beneficio en su vida
dentro de la prisión. Nada más alejado de la realidad. Algún
miembro del tribunal, cansado seguramente de la retórica obrerista del reo y perteneciendo a una facción rival dentro del falan-
gismo tuvo la idea brillante y cruel de que cumpliera condena
junto con sus supuestos amigos obreros, sólo que en este caso no
serían falangistas, sino republicanos. Y así se hizo. Manuel Hedilla fue conducido a una celda con cuatro presos republicanos
que en un primer momento no pusieron mucha atención en el
recién llegado, que había sido presentado por el carcelero como
un «santanderino».

Como todas las cárceles de los años treinta la de Salamanca
era un lugar sórdido, con condiciones higiénicas deplora-
bles y donde los presos se amontonaban en celdas sin inodoro

ni lavabo. Los presos políticos republicanos y los delincuentes comunes estaban juntos. Además, les permitían estar en el patio común durante mucho tiempo, todos mezclados. En el patio, los presos formaban círculos por tendencia política o por lugar de origen. La llegada del nuevo preso no había levantado ninguna expectación. La mayoría estaba con la moral y los cuerpos por los suelos debido a las frecuentes palizas que recibían de la Guardia Civil, por la falta de alimentos, por la incertidumbre sobre su futuro y por las noticias del fatal avance de las tropas franquistas que parecía no tener freno pese a su lentitud.

Nunca hubiera imaginado Manuel Hedilla que entre el círculo de santanderinos de la prisión estuviera Antonio Zapata, periodista de *La Región* que se había unido como voluntario en el batallón Luciano Malumbres, de quien además había sido cuñado, ya que su hermana, Matilde Zapata, era la viuda de Luciano Malumbres y la actual directora del periódico. Los artículos de Matilde Zapata se habían decantado aún más hacia la izquierda en los últimos tiempos y desde el socialismo inicial se inclinaban hacia la militancia comunista. Antonio era muy joven y sólo había realizado labores subalternas en el diario. Sin embargo, solo había pasado poco más de un año desde el asesinato del director y el recuerdo de la impunidad del crimen era muy vivo para él.

En el patio de la prisión de Salamanca ya estaban hablando y dando vueltas Antonio Zapata con los demás presos cuando Manuel Hedilla salió sin saludar a nadie. Con su falta crónica de imaginación —nunca se le pasó por la cabeza que Franco hiciera un decreto de unificación como el que hizo y que él fuera juzgado como lo fue— pensó que lo mejor sería disimular y hacer como todos: salir al patio. Si le preguntaban los demás presos ya improvisaría alguna cosa. De momento, sólo podían saber lo que había anunciado el carcelero, que era santanderino, pero nada más. Su foto no se había difundido demasiado, pese a lo mucho que le gustaba verse retratado. La práctica de la conspiración y el asesinato, y la tensión del levantamiento armado contra la legalidad republicana establecida le había enseñado a ser discreto. Cuando traspasó el umbral y la claridad de la luz del patio le hizo cerrar los ojos echó en falta como nunca antes la presencia de sus compañeros armados y el tacto de su propia arma. La fanfarronería, el matonismo y la arrogancia de los que se sienten con todo el derecho a imponer su ley a los demás: ahí era donde se sentía a gusto, rodeado de sus camaradas que tan bien habían defendido su posición ante sus propios enemigos dentro de Falange y que en la misma Salamanca no habían dudado en usar sus armas en su defensa. Al abrir los ojos le impresionó la humanidad mugrienta que vio. Sintió asco y náuseas. Los hombres se arrastraban sucios, heridos, magullados. Muchos de ellos claramente enfermos. Algunos se apoyaban en otros compañeros. La mayoría caminaban solos.

Pese a que no mostraba ningún símbolo falangista y que desde el final del último juicio llevaba una semana sin afeitar, su aspecto de hombre joven bien alimentado y bien cuidado saltaba a la vista. Cuando dio el primer paso al salir al patio pensó que esa masa hambrienta se le tiraría encima y se lo comería. Y quizás hubiera sido lo mejor para él.

Se colocó en el ángulo más discreto que pudo encontrar en un primer golpe de vista. Nadie parecía prestarle mucha atención por el momento. Sin embargo, de repente, de uno de los grupos se destacó un joven con gafas y se dirigió directamente hacia él. Le preguntó si era de Santander, pero Hedilla no contestó. Se lo volvió a preguntar y permaneció callado. El joven estaba visiblemente nervioso. «Yo te conozco», gritó. Los demás prisioneros, indiferentes hasta ese momento, empezaron a fijarse en lo que estaba pasando. «¡Te conozco!», volvió a gritar Antonio Zapata mientras se acercaba. «Eres Hedilla, el jefe de Falange de Santander». Le tiró del brazo izquierdo. Instintivamente, Hedilla retrocedió sin decir nada y con el otro puño le golpeó la cara. Lo derribó en el acto y le rompió la montura de las gafas. Como si hubiera sido una señal, los prisioneros del grupo en el que estaba Antonio Zapata se abalanzaron sobre Hedilla y empezaron a golpearle. A ellos se unieron otros más cuando ya estaba tirado en el suelo del patio y recibía una lluvia de patadas. Aterrorizado, gritó pidiendo socorro con todas sus fuerzas. No tardó en llegar un piquete de guardias civiles que a culatazos disolvió rápidamente la pelea que probablemente hubiera acabado en linchamiento. Desde una de las esquinas del patio, sin participar en la pelea, uno de los compañeros de celda del falangista miraba atentamente todo lo que estaba pasando.

Hedilla fue trasladado a la enfermería de la prisión donde certificaron que sólo tenía unas aparatosas contusiones y le enviaron de nuevo a la celda. Como castigo por el tumulto se suspendieron durante tres días las salidas al patio.

Los compañeros de prisión del falangista tuvieron mucho tiempo para pensar en lo que había pasado. ¿Cómo era posible que estuviera encarcelado con ellos? Antonio Zapata no tenía ninguna duda sobre su identidad. Tampoco albergaba ninguna duda sobre su responsabilidad en el asesinato de Malumbres. Pero el falangista no había dicho nada. Sólo había pedido socorro. Zapata estaba dispuesto a eliminarlo. Organizar otra pelea como la que había surgido de forma espontánea y acabar con él. No sería difícil. Los presos comunes no se mostraban especialmente interesados, pero entendían perfectamente la venganza por el asesinato de un familiar. Las razones políticas no eran tan importantes para ellos. Habían conocido la cárcel con la dictadura de Primo de Rivera y con la República y sólo uno de ellos había dado el paso de asumir el ideario anarquista en la Columna de Hierro valenciana. Sin embargo, había otras opiniones. Esteve Benaigues era un maestro destinado en Salamanca pero nacido en Mont Roig, Tarragona. Su único crimen había sido utilizar como sistema pedagógico para sus alumnos la confección de revistas literarias y la redacción e intercambio de cartas con estudiantes de su pueblo en Tarragona. De esta manera, el aprendizaje de la escritura, de las normas gramaticales y ortográficas tenía un objetivo comunicativo concreto y palpable que además creaba un vínculo afectivo. El flujo de correspondencia había sido tan intenso que ya se había editado una pequeña publicación y estaba en marcha la realización de un viaje a Tarragona para que los estudiantes castellanos pudieran conocer el Mediterráneo y los catalanes los paisajes y las formas de vida del campo salmantino. Todo quedó definitivamente interrumpido por la barbarie del golpe de estado.

Esteve Benaigues sostuvo que linchar y asesinar a Manuel Hedilla era simplemente estúpido. Esta afirmación generó un evidente malestar en la celda. Le acusaron de cobarde, de tener miedo a las consecuencias, de no tener sangre en las venas y de maricón, de hijo de puta. Benaigues aguantó el chaparrón de insultos con el mismo estoicismo que intentaba aplicar a su estancia en prisión. Zapata clamaba por la venganza de su cuñado (así lo llamaba), el anarquista de la Columna de Hierro valenciana decía que al fascismo y a los fascistas se les combate y destruye sin más miramientos y a la primera oportunidad. Los presos comunes siempre preferían la acción a la pasividad.

Cuando pudo hablar, Benaigues dijo lo que le parecía obvio. «¿No os parece extraño que hayan trasladado a esta cárcel al exjefe de la Falange, que acaba de ser condenado a cadena perpetua por los mismos franquistas?». Nadie parecía tener respuesta para esta pregunta. «¿No os dais cuenta de que, precisamente, lo que quieren sus enemigos falangistas es precisamente que lo liquidemos, que hagamos el trabajo sucio?». «Entonces, qué… —clamaron todos— ¿No podemos hacer nada?, ¿tenemos que compartir el patio con un falangista asesino?, ¿invitarle a un cigarrillo? Nos da igual si ha caído en desgracia o no, tenemos la oportunidad de eliminar a uno de los fascistas más importantes y hay que hacerlo». El más decidido era Xavier Arenós, el anarquista de la Columna de Hierro que tenía un gran aprecio por los periodistas comprometidos con la izquierda y más en el caso de Malumbres, que había sido asesinado por los falangistas. Arenós había escrito y publicado un texto estremecedor sobre su vida en la Columna de Hierro, que había sido difundido de forma anónima.

Antonio Zapata no había participado demasiado en la discusión hasta ese momento. Parecía entretenido intentando reparar la montura de sus gafas y tenía la nariz y un ojo completamente amoratados. Pero habló: «Entonces… si no lo matamos… el crimen de Malumbres quedará impune, como hasta ahora. Nadie pagará por ello. Tenemos al culpable al alcance de la mano. Dejémonos de tonterías y lo eliminamos ahora, antes de que lo trasladen. Aunque haya caído en desgracia, Manuel Hedilla sigue teniendo amigos poderosos, pueden cambiarlo de prisión en cualquier momento. Después de la paliza que le hemos dado, su aspecto dará lástima. Una simple llamada a la embajada alemana puede cambiar todo. Es posible que les permitan llevárselo a Alemania. Se sabe que Hedilla es amigo de los responsables nazis en España».

Benaigues volvió a tomar la palabra y rectificó lo que había dicho. «Yo creo que no hay que matarlo... al menos ahora mismo. Parece increíble la ligereza con la que hablamos de la vida y de la muerte, pero estamos en una guerra y hay que responder a la situación. Quizás tengamos que matarlo al final, pero de momento, no».

¿Por qué no? ¿Al final de qué? Las palabras de Benaigues parecían contradictorias y desconcertaba a todo el grupo. Era evidente que tenía alguna idea aunque se resistiera a comunicarla. En realidad hacía lo mismo que con sus estudiantes. Creaba expectación, provocaba la conversación para hacer caer a los interlocutores en contradicciones. Había estudiado a los clásicos y el método socrático le era conocido. Por fin se decidió a continuar.

—Podemos hacer algo peor para él que matarlo —Y esperó la respuesta a su afirmación.

Llovieron las respuestas. Antonio Zapata dijo que estaba absolutamente en contra de la tortura, que no podían utilizar los mismos métodos que los fascistas, que no entendía lo que se proponía Benaigues. Xavier Arenós por su parte también rechazó de plano la tortura, que, además, era técnicamente imposible en prisión. Era partidario de algo rápido y definitivo. Sin embargo, Florencio Blanco, ladrón de gallinas con varios años de cárcel en sus huesos no descartó la idea de ver sufrir al falangista como le habían hecho sufrir a él a base de palizas y más palizas. «¡Que se joda el cabrón!».

—No quiero decir nada de esto —siguió Benaigues—. Lo que tenemos que hacer es un juicio... juzgarlo y, si es el caso, condenarlo y ejecutarlo.

Todos se quedaron boquiabiertos y llovieron los interrogantes: «¿Un juicio? ¿Para qué? Hedilla ya ha sido juzgado y condenado. Por eso está aquí, en la cárcel. Todos sabemos que los juicios sumarísimos son una pura farsa, pero para qué juzgarlo, cómo, con qué objetivo... Los presos no eran abogados, ni fiscales, ni jueces, ni sabían de leyes. Sólo conocían las consecuencias de las leyes aplicadas por tribunales absolutamente parciales y politizados. Además, en cualquier caso, Hedilla no hablaría por mucho que lo presionaran... y ya sabemos que es culpable...».

—En un juicio el acusado tiene derecho a no hablar —dijo Benaigues—. Y yo puedo no estar seguro de su culpabilidad en el caso Malumbres. De hecho no hubo una investigación formal. El juicio nos puede ayudar a saber la verdad sobre el caso y actuar en consecuencia.

—Pero... ¿por qué te importa tanto lo que tú llamas la verdad? —Contestó Zapata—. La verdad es obvia. Todo indica que Hedilla fue el responsable del asesinato de Malumbres, aunque no tengamos ninguna prueba para demostrarlo.

—Me importa porque, como decía un filósofo, la "verdad es revolucionaria".

—Me pones nervioso. ¿Qué significa eso, ¡por favor!?

—Creo que en tu caso puede significar que tu rabia se debe al dolor de la pérdida de tu cuñado, que es una pérdida personal y política. Pero, además, tu rabia se debe a la impunidad total del crimen. Un crimen que queda impune es una herida abierta que no para de supurar y que se infecta. Yo creo que la única manera de cerrar esa herida es saber la verdad, más que la propia ejecución de la condena, o que la venganza en sí. Hedilla fue poderoso, es un fascista y ha cometido muchos crímenes. Lideró en La Coruña el golpe de estado del 18 de julio. Sin embargo, ahora es un absoluto desgraciado. Los propios fascistas le han juzgado por su arrogancia, su cortedad de miras y por haber ofendido a Franco. Está acabado. Si no lo matamos nosotros, lo dejarán en prisión y lo utilizarán de moneda de cambio en los equilibrios de poder dentro de la Falange, que ahora ha sido reformada. Su vida no vale casi nada, pero nos puede ser útil en una cosa. Ayudarnos a saber la verdad sobre el final de Malumbres.

—Pero... ¿por qué estás tan seguro de esto? ¿Piensas que servirá de algo hacer un simulacro de juicio? ¿Crees que colaborará?

—No estoy seguro de nada. Nuestras vidas tampoco valen gran cosa. Pueden hacer con nosotros absolutamente lo que quieran. Nuestra única oportunidad sería ganar la guerra y ahora no está en nuestras manos. Tampoco tenemos nada que perder. Podemos intentarlo. Hay un precedente…. ¡De hace veinticinco siglos! Si no os importa que me ponga un poco pedante os lo explico.

Ante la estupefacción general, nadie dijo que no. Benaigues prosiguió.

—En el siglo quinto antes de Cristo, en una de las tragedias griegas se presenta un problema que parece no tener solución y lo resuelven con un juicio en el que se absuelve a Orestes de haber matado a su madre. Todo parecía indicar que Orestes se suicidaría, perseguido por los fantasmas implacables de su mala conciencia, pero al final el tribunal lo absuelve con el voto de calidad de Palas Atenea…

Sus compañeros lo miraban con expresión incrédula, pero en silencio… hasta que Zapata preguntó cómo se podía organizar ese juicio que al fin y al cabo no sería menos pantomima que los juicios sumarísimos franquistas en los que todo estaba decidido de antemano.

—Es muy fácil de organizar. Hay un acusador, que serás tú, Antonio; un defensor, que seré yo; un tribunal que decide, y un grupo que hará de coro, que en las tragedias griegas es como la voz del pueblo, que va comentando la acción. Tenemos que elegir un tribunal, como en los juicios populares de los primeros tiempos de la Revolución.

Al día siguiente en el que ya podían salir al patio empezaron a comentar la idea con los compañeros de prisión que, increíblemente y de forma rápida, aceptaron. El tribunal, de siete personas, para evitar empates, se constituyó a partir de los presos comunes más antiguos y sin una filiación política declarada para evitar las rencillas entre anarquistas, comunistas y socialistas. En el coro estaban todos mezclados.

Aquel día Hedilla todavía estaba en la enfermería y no salió al patio. Todo estaba preparado para la próxima jornada. Benaigues no pudo dejar de asombrarse por el entusiasmo con el que los presos habían aceptado sus papeles en unas condiciones de miedo y miseria como en las que se encontraban. Los más entusiastas eran los miembros del tribunal y se designaron unos guardianes, que eran los compañeros de celda del falangista, que debían forzarle a participar en el juicio. En sólo un día todo estaba preparado.

Cuando Hedilla salió de la enfermería y llegó al patio su aspecto no era malo del todo, aunque llevaba la cara marcada por los golpes recibidos el primer día. Sus guardianes lo cogieron por los brazos y lo llevaron a un extremo del patio. Lo amenazaron con matarlo allí mismo si se atrevía a abrir la boca y pedir socorro. La palidez de Hedilla evidenció que esperaba una nueva paliza. En aquel extremo del patio, el más discreto ante las miradas de los carceleros, se habían formado varios grupos de presos que lo miraban muy serios. De entre ellos, Federico Hernández, un gitano delgado y oscuro, que estaba en la cárcel precisamente por su etnia dijo en tono solemne: "Empieza la sesión. Comienza el juicio contra el falangista Manuel Hedilla, aquí presente, acusado del asesinato del periodista Luciano Malumbres en la ciudad de Santander, el día 4 de junio de 1936. ¡Tiene la palabra la acusación!».

Y el juicio empezó.

Hedilla se había hecho el propósito de no hablar, ya que sabía que cualquier cosa que dijera en ese patio sería tomada en su contra, fuera lo que fuese. Sin embargo, esto no se lo esperaba de ninguna manera: que después de tener dos consejos de guerra, unos sucios, rojos, delincuentes, desarrapados, muertos de hambre con un gitano de presidente, quisieran volver a juzgarle era de todo punto increíble. Pero se acordó de la amenaza que acababa de recibir y, como los golpes todavía no llegaban, decidió esperar a ver a dónde conducía toda esta comedia.

Tomó la palabra Antonio Zapata que había conseguido recomponer la montura de sus gafas aunque de forma muy precaria.

—Intentaré ser lo más breve posible. En la ciudad de Santander, en la fecha indicada por el presidente del tribunal, fue asesinado a tiros Luciano Malumbres, periodista y director del diario La Región. Recibió varios disparos de pistola mientras jugaba su habitual partida de dominó en el bar La Zanguina de la calle Pedrueca, a muy poca distancia de su vivienda y de la redacción del diario. Cayó malherido, pero todavía vivo. No fue hasta el día siguiente que murió en el hospital de Valdecilla. Este atentado cobarde culminaba una serie de agresiones y amenazas que pretendían hacer callar la voz de esta persona honesta y justiciera que únicamente defendía sus ideas y sus investigaciones con su oficio de periodista. Sin embargo, en una región como la santanderina donde los propietarios caciques siempre han tenido carta blanca para imponer su voluntad, la voz de Malumbres, crítica y valiente, era molesta para muchos y tenía que ser silenciada. Si las amenazas, las agresiones y las denuncias no surtían efecto, era necesaria su eliminación física…

Un miembro del coro dijo que eso estaba pasando en muchos lugares, que por fin las injusticias eran denunciadas y que habían irritado a los propietarios. Se oyó un murmullo de aprobación.

Zapata prosiguió.

—El pistolero fue perseguido por las calles de la ciudad. Pese a continuar con la pistola en la mano fue acorralado y murió de un disparo de su propia arma. Esa misma tarde y dado el clima de tensión generado, un altercado con un hombre que insultaba a un grupo de obreros por la acción de la mañana, también terminó con el individuo muerto. Al funeral de Malumbres acudieron miles y miles de trabajadores convocados por una huelga general. Nunca antes se había visto algo así en Santander…

Benaigues, que hacía la función de defensor, pidió la palabra aprovechando el silencio que se había creado y dijo que esa narración de los hechos era muy emotiva, pero que no implicaba para nada al acusado Manuel Hedilla. ¿Qué pruebas tenía la acusación? ¿Qué elementos podían probar que el acusado fuera el responsable directo de los hechos más allá de ser militante de la Falange?

En ese momento, Hedilla sintió una sorpresa mayor que la que le había generado el comienzo del juicio. Alguien le defendía con un argumento de sentido común como no había escuchado en los dos consejos de guerra a los que había sido sometido, donde todos los argumentos estaban viciados de entrada. Benaigues añadió que el pistolero no había sido interrogado, de la misma manera que sus cómplices tampoco eran conocidos, aunque los había tenido. Hubiera sido mejor detenerlo vivo. Por otro lado, la investigación judicial de oficio tampoco había dado ningún resultado. «Si el acusado quisiera colaborar podría darnos su versión de los hechos...», remató, pero Hedilla no contestó. Defenderse supondría entrar en el juego, aceptar sus reglas demenciales y no escritas en ningún sitio. Hablar sería legitimar lo que estaba sucediendo, colaborar, aceptar sus reglas.

—Las pruebas son muy claras —continuó Zapata—, poco antes del asesinato, Malumbres denunció las irregularidades y los abusos de los propietarios de la cooperativa lechera SAM (Sociedad Agrícola Montañesa) en Renedo de Piélagos, un municipio cerca de la ciudad de Santander y... ¿quién era el jefe de Falange de ese pueblo y trabajador de esa empresa? Nada menos que Manuel Hedilla. Allí fue donde empezó su labor política de propaganda fascista con tanto éxito que cuando José Antonio visitó la región lo nombró jefe provisional. El pueblo de Renedo y, sobre todo, la SAM eran poco menos que feudos de Manuel Hedilla. Os podéis imaginar cómo era su política: bajo una retórica falsa de obrerismo, la protección a los intereses de los caciques era total y no podían soportar que un periodista metiese las narices en sus asuntos, que no hiciera caso de sus amenazas y que siguiera con las denuncias. En un artículo encontrado en uno de los bolsillos de la americana de Malumbres y publicado el 7 de junio se dice claramente, con nombres y apellidos, cómo Manuel Hedilla, que tenéis aquí delante, no sólo organizó un supuesto sindicato en la SAM para tener más controlados a los trabajadores y a los productores de leche, sino que fue despedido él mismo como trabajador por no presentarse al puesto de trabajo, de tal manera que la indemnización de sesenta pesetas a la que tenía derecho consiguió aumentarla hasta las novecientas. Y aunque fue legalmente imposible su vuelta al puesto de trabajo, ocasionó un enorme perjuicio económico a los cooperativistas, sumado además al dinero que ya se había desviado para dárselo a conocidos políticos de derechas y sufragar sus gastos. Ese dinero nunca fue devuelto, por su puesto. Por tanto, vemos hasta qué punto las investigaciones de Malumbres apuntaban al mismísimo Manuel Hedilla.

Mientras tanto, los dueños de las vacas, pequeñísimos propietarios de cuatro o cinco animales, que suponían la mayoría de los cooperativistas, esperaban meses y meses para que les pagaran la leche entregada. Es decir, con el dinero que habían invertido para levantar la cooperativa pagaban a los políticos de derechas y a los fascistas. Malumbres sostenía que la SAM no era otra cosa que una organización política al servicio de los poderosos y, me acuerdo de memoria de su artículo: con el "único fin de tener sometido al campesino montañés, víctima de los engaños con promesas de emancipación y víctima de onerosos créditos y compromisos políticos adquiridos por obligación". También denunció sin descanso la violencia y los excesos de la extrema derecha, de los que él mismo era víctima y que tan poca atención recibían por parte de los jueces, rayando casi en la impunidad.

Un miembro del coro dijo que sin perseverancia y valentía era imposible descubrir la verdad. Se oyó otro murmullo y un grupo de presos, pese a su interés, empezó a dar vueltas por el patio para disimular ante los carceleros.

Benaigues reconoció que esa conexión implicaba más al acusado, pero que tampoco demostraba ninguna prueba definitiva de su responsabilidad directa. Que eran enemigos políticos, sí; que Malumbres había hecho denuncias pública, también, pero de estas denuncias no se habían seguido procesos judiciales ni consecuencias prácticas. Por tanto, seguía sin haber pruebas.

El juicio parecía haber llegado a un punto muerto. No había nuevos argumentos, ni por supuesto, testigos, ni datos de las investigaciones policiales. Una sensación de impaciencia general empezó a notarse.

Entonces, sin que nadie lo esperara, Manuel Hedilla empezó a hablar.

—Yo no soy culpable de la muerte de Malumbres. De hecho creo que fue un error… —todas las miradas se volvieron hacia él—. Sus denuncias eran insistentes pero poco documentadas y los jueces no le hacían mucho caso. A nosotros, a los falangistas, sí que nos hacían caso… y lo digo por experiencia. Sus denuncias y su periodicucho eran muy poca cosa en relación con lo que estábamos organizando. Sin embargo, le servían para convertirse en un héroe de la clase trabajadora y de los rojos. Pero los propietarios y los jefes no estaban acostumbrados a las críticas y eso le generó muchos enemigos. Con la victoria del Frente Popular la cosa cambió porque parecía que realmente la realidad política y social se transformaría en el sentido que quería Malumbres y eso había que evitarlo a cualquier precio.

—Pero ¿quién dio la orden? —preguntaron desde el coro—.

—Todos los falangistas odiaban a Malumbres, pero también sabían que eliminarlo no sería fácil. Tenía una guardia armada de voluntarios en el periódico y el gobernador civil ordenó a la policía su protección. Como se demostró en la realidad, asesinar a Malumbres era casi una operación suicida, pero al mismo tiempo la operación fue muy torpe y llena de errores, como si los asesinos confiaran demasiado en su impunidad y hubieran infravalorado totalmente la capacidad de respuesta de los amigos de Malumbres.

Se hizo el silencio. Hedilla prosiguió.

—La orden de llevar a cabo la operación y la organización se hizo desde Madrid, por eso todo salió tan mal. Desde Santander lo hubiéramos hecho mucho mejor. Malumbres era mucho más conocido de lo que él mismo suponía. En una ciudad pequeña de provincias y con un diario sin recursos económicos se había hecho un nombre que se repetía mucho en las más altas esferas como ejemplo de lo que no se podía consentir y tenía que ser eliminado. La orden la dio el mismísimo José Antonio y a nosotros, los locales, nos dejaron de lado. No nos encargaron la acción a nosotros, la realizaron desde Madrid. Además, también insistió mucho el aviador Pombo, sobre cuya heroicidad Malumbres había sembrado algunas dudas. En definitiva, pese a las apariencias, yo no tuve nada que ver…

Antonio Zapata replicó: «Pero qué pruebas tienes tú que demuestren esta versión? Se dijo que el asesino era un falangista de Castro Urdiales. ¡Eso implicaría a los grupos locales!». Benaigues respondió por el acusado: «Las mismas pruebas que tienes tú, Zapata, de que sea culpable: ninguna. Sólo tienes suposiciones».

—Yo juro que digo la verdad —intervino Hedilla.

—Yo no te creo —dijo Zapata—. Intentas disimular tu responsabilidad con mentiras!

—Tendrá que decidir el tribunal —zanjó Benaigues.

Se escuchó el silbato de los carceleros indicando que tenían todos que volver a las celdas.

Al día siguiente, en el momento en el que los presos salían al patio, el presidente del tribunal, el gitano Federico Hernández habló con Benaigues y Zapata para pedirles tiempo para discutir con los otros seis miembros del tribunal, ya que estaban en celdas separadas y no habían podido hacerlo hasta entonces. Formaron un grupo y empezaron a hablar en tono bajo pero con mucha intensidad. Mientras tanto, Hedilla seguía custodiado por sus compañeros de celda. Parecía tranquilo, como si esperara que en cualquier momento toda esta farsa de juicio se desmontara por sí misma. Lo que le preocupaba más era que las autoridades de la cárcel no interrumpieran el espectáculo. Estaba convencido que tendrían informantes entre los presos, pero el hecho de que todavía no hubieran intervenido para aislar a los cabecillas del juicio le mantenía inquieto. Eso significaba que estaban de acuerdo con lo que estaba pasando o, en el peor de los casos, que podía haber algún carcelero próximo a los republicanos que hubiera impedido la información a las autoridades. Por otro lado, también estaba molesto consigo mismo por haber hablado, por haberles hecho el favor de colaborar con esta farsa, aunque también había notado el desconcierto en el que los había sumido su declaración. Su situación actual, por extraña que pareciera, le mostraba hasta qué punto había caído, cómo había dejado de ser importante para sus antiguos jefes y camaradas que le habían abandonado en este infierno. Y se sorprendía a sí mismo de su extraña tranquilidad, como si estuviera anestesiado. Un poco como si todo esto le estuviera pasando a otra persona y fuera espectador de sí mismo.

Antonio Zapata estaba con su grupo habitual de izquierdistas santanderinos y sí que tenía mal aspecto. Más que pálido parecía gris y estaba encorvado y con los brazos cruzados como si un fuerte dolor abdominal le tuviera acalambrado.

Por fin, Federico Hernández hizo una señal y todos acudieron al ángulo donde el día anterior se habían reunido. El silencio y la expectación eran máximos. En el momento en que Federico iba a tomar la palabra, Zapata se le adelantó.

—Perdonad que hable primero, pero tengo una cosa importante que comunicaros y que está relacionada con el juicio que estamos celebrando. Nos acabamos de enterar que en Santander acaba de ser ejecutada mi hermana Matilde, viuda de Malumbres, periodista y escritora, cuyos únicos delitos han sido tener esa profesión, defender sus ideas de izquierdas y ser mujer de quien fue. Había conseguido embarcar en Asturias junto con otros republicanos con destino a Francia, pero el barco fue interceptado en alta mar por la armada franquista y devuelto al puerto. El frente Norte estaba a punto de caer. Fue enviada presa a Santander y condenada a muerte. Además, nos han dicho que a partir del testimonio de otro preso también condenado a muerte que lo oyó todo, fue brutalmente torturada y violada hasta el extremo de llevarla desnuda, cubierta con una manta, ante el pelotón de fusilamiento. Os pido a todos un minuto de silencio.

El silencio no fue total porque los que seguían andando por el patio con la finalidad de distraer a los carceleros no se habían enterado de la terrible noticia. Sin embargo, entre los más próximos a Zapata, pese al dolor de sus propias situaciones, la incertidumbre y el miedo, se dejó oír un murmullo de rabia y de solidaridad ante la injusticia absoluta de lo acontecido.

Federico Hernández tomó la palabra. «Te doy mi más sentido pésame y siento en el alma lo que explicas. Seguro que tu hermana Matilde era una buenísima persona y las circunstancias de su muerte han sido horrorosas. Sin embargo, creo que hubiera sido mejor esperar a oír nuestro veredicto antes de habernos comunicado esa horrible desgracia».

—Hemos discutido intensamente y al no ponernos de acuerdo sobre la culpabilidad del acusado hemos tenido que votar. Yo no he votado primero para apoyar con mi abstención a la mayoría, pero por dos veces se ha producido igualdad en el resultado. Por tanto, después sí que lo he hecho y mi voto deshace el empate. No ha sido el caso de juzgar a este hombre por su ideología. Sus propios compañeros ya lo han hecho. Lo que estábamos juzgando aquí es su responsabilidad en la muerte de Malumbres. El acusado dice que no tiene nada que ver con ella y que fue cosa del ya ejecutado José Antonio. Nadie tiene pruebas de ello. Tampoco de lo contrario. Sin embargo, sí que parece haber una poderosa relación entre las denuncias periodísticas de los tejemanejes de la cooperativa lechera y la posición del acusado en aquella empresa y en aquel pueblo. Por todo esto, creemos que el acusado es culpable y así dicto sentencia: Manuel Hedilla es culpable de la muerte de Luciano Malumbres y, por lo tanto, lo condenamos a la pena capital.

Nadie se esperaba una locuacidad tan ajustada ni esa propiedad en el discurso por parte de Federico Hernández. Pero esta sorpresa pronto se vio sustituida por una sensación de incertidumbre. Ya se había dictado sentencia. Y ahora, qué. El acusado permanecía impertérrito. Todos eran conscientes de que en cualquier momento podría gritar, pedir socorro y desmontar la situación. Pero no dijo nada.

Tan pendientes y atentos estaban a las palabras de Federico que no habían advertido que el anarquista de la Columna de Hierro se había colocado justo detrás del acusado. Rápido y hábil, con movimientos muy seguros, sacó de su bolsillo una cuerda en forma de lazo y un palo corto y grueso, como el mango de un martillo. Desde atrás, pasó el lazo por la cabeza del acusado hasta el cuello. Introdujo el palo y empezó a girarlo a toda velocidad como quién aprieta un tornillo. Las manos de Hedilla se agarraron a los brazos del anarquista pero la maniobra había sido rápida y certera. La presión aumentó y la cuerda no cedió. Nadie lo detuvo. En un minuto, Hedilla se desmayó. En cuatro, había dejado de existir. «Feina feta!», dijo Xavier Arenós.

Para que los carceleros no notaran nada extraño, varios presos se habían agrupado alrededor del anarquista que rápidamente soltó el lazo y lo recogió. Los presos empezaron a pedir auxilio para ayudar a uno que se había desmayado. Sabían que esta muerte traería represalias, pero no serían exageradas, dadas las circunstancias.

—Se ha hecho justicia —dijo Federico Hernández. Zapata permanecía en silencio.

—No es lo que hubiera querido yo —dijo Benaigues.

—Qué querías, que lo absolviéramos por falta de pruebas y le aplaudiéramos por contarnos la verdad. Todo lo que ha dicho son mentiras y más mentiras para intentar salvarse.

Benaigues dijo que no podían estar seguros. Federico Hernández, el gitano presidente del tribunal, se impacientó.

—Si se hace un juicio, tiene que haber una sentencia y la sentencia se tiene que cumplir. Si no, ¿qué cachondeo sería esto? Ha habido un momento para la verdad y hemos intentado controlar las fuerzas enormes de la venganza y el odio que supone tener delante un dirigente fascista de primera línea, cargado de crímenes, desarmado y sin escolta, pero también ha habido un momento para ejecutar la sentencia, de forma rápida, casi sin dolor, con maestría, y liberar al mundo de la lacra horrible que supone la presencia de un criminal fascista.

—Lo que es seguro es que no tuvo nada que ver en la muerte de Matilde Zapata —añadió Benaigues—, y yo estoy en contra de la pena de muerte.

—Personalmente, no tuvo nada que ver, pero políticamente sí tuvo responsabilidad —contestó Antonio—, Hedilla fue uno de los organizadores del 18 de julio, de donde viene todo lo demás. Por otro lado, me habías preguntado cómo me sentiría después del juicio y te contesto que si este fascista abyecto y patético hubiera salido absuelto, me sentiría mucho peor. Estamos en plena guerra y la represión fascista no deja lugar ninguno para el perdón. Si ganamos la guerra seremos generosos. Ahora no. Hay que respetar los derechos de todos, pero una vez juzgados, hay que ser implacables. La angustia y el dolor que sentía por la muerte de mi cuñado y de mi hermana, ahora son menores, un poco menores. La ejecución de nuestra sentencia me ha aliviado realmente. Porque si perdemos la guerra todo lo que ha pasado con las víctimas del fascismo se ocultará bajo la capa más gruesa de mentiras y de terror que podamos imaginar y su memoria se olvidará a la fuerza. Sus nombres serán borrados, su memoria difamada y sólo se conservará el recuerdo de los héroes fascistas y sus mártires, como José Antonio. De Hedilla puede que se acuerden, porque al fin y al cabo era uno de los suyos. Pero, por cierto, Benaigues… en tu tragedia ¿el final es así?

—No. En mi tragedia, Orestes es perdonado, sus acusadoras, las Erinias, aceptan integrarse en el recinto sagrado ateniense y reina la paz en la ciudad bajo la sabiduría de Atenea, que ha sido capaz de detener el encadenamiento de la sangre y la venganza.

—Tardarán muchos años hasta que eso pase aquí, si ocurre algún día —sentenció Federico—, pero hoy hemos hecho justicia y nunca podrán eliminar del todo a los justicieros.

Mientras hablaban no se estaban dando cuenta que el auxilio reclamado se retrasaba extrañamente. Finalmente, se oyó un silbato y una columna de guardias civiles salió rápidamente al patio y empujaron a todos los presos hacia el ángulo donde había tenido lugar el juicio y donde estaba el cuerpo de Hedilla rodeado de hombres que simulaban intentos de reanimación. Los presos miraban atónitos lo que estaba sucediendo. No recibían culatazos, sino que los policías se habían dispuesto en línea frente a ellos. La salida estaba bloqueada. A una orden cargaron las armas, a otra apuntaron y a la tercera, sin un solo gesto de duda o desfallecimiento, dispararon sus fusiles contra los presos hasta vaciar los cargadores. Luego los fueron rematando uno por uno con sus pistolas.

Dolor

A pesar de la lluvia, el antiguo comisario de policía Feliciano Solans prefirió ir a pie. Hubiera podido ir en automóvil, pero pensó que el frescor de la lluvia y la brisa aliviarían un poco el dolor de su boca y la espesura de su cabeza. Sin embargo, lo que al principio del día parecía un suave llovizna, se estaba convirtiendo en una lluvia cerrada y molesta. Mientras caminaba se frotaba el lado izquierdo de la cara. Además, no podía evitar hurgar con la lengua una y otra vez en la muela dolorida y en el tremendo flemón que desde hacía dos semanas le había provocado. La inflamación, instalada en la mandíbula inferior, le deformaba el rostro y correspondía perfectamente con su estado mental: oscuro y aturdido por el efecto de las decenas de calmantes y pócimas de todo tipo con las que había intentado aliviarse. Tenía un miedo no confesado a los dentistas, disimulado por grandes muestras de desprecio hacia su profesión. Pero a su mujer no la engañaba. Ella había sido quien buscó y concertó la visita con el dentista a la que ahora se dirigía y, aunque durante dos semanas se había resistido, ya no podía más. A pesar de su obediencia, o a causa de ella, íntimamente renegaba contra el carácter de su mujer.

El antiguo comisario Feliciano Solans tenía tiempo (demasiado tiempo, de hecho, desde su acelerada jubilación) y decidió no dirigirse directamente a la consulta sino dar un rodeo por el puerto. Ni siquiera la visión de su pequeño barco le alegró demasiado. Ya estaba demasiado mayor para andar subiendo y bajando velas y había optado hacía poco por una motora con una cabina suficientemente amplia como para moverse con comodidad. Ese era su territorio. Ahí su mujer no tenía nada que decir. En realidad, decir sí que decía, pero en su barco (y en su automóvil) el antiguo comisario Feliciano Solans se sentía lo suficientemente fuerte como para no hacerle caso. Entre las prohibiciones domésticas de su mujer, una de las más razonables y que más le costó aceptar, fue la de no tener armas en su domicilio. Tenía razón, como siempre, porque sus queridos nietos lo revolvían todo, se metían por todas partes y no había puerta o cajón que no supieran abrir o estantería que no supieran escalar. A él le cansaban un poco sus nietos, pero su mujer los adoraba, así que las armas fueron trasladas a su club de tiro. Todas menos dos. No hacía falta explicarle a su mujer que después de tantos años de llevar un arma encima como quien se pone la corbata desprenderse de todas ellas era como dejarle desnudo. Por lo tanto, conservó dos pequeños revólveres escondidos en su automóvil y en su barco más por superstición y fetichismo que por una real sensación de inseguridad.

La marea estaba alta y en el agua de la bahía se marcaban los surcos de colores diversos que formaban las corrientes. Desde el muelle, bajó al pantalán donde estaba amarrado su barco y aprovechó el agua de lluvia del pasamanos para refrescarse la mejilla izquierda que le ardía. El barco estaba sucio y el agua de lluvia se acumulaba por todas partes. Desde que comenzó el dolor de muelas no había tenido ánimos para cuidarlo y ahora se daba cuenta de que tenía que haberlo sacado del agua y haber limpiado los bajos y hacer repasar el motor. Entró en la cabina y sintió una sensación todavía más intensa de humedad. Puso la llave en el contacto, esperó que se apagara el piloto rojo y apretó el botón de encendido del motor de estribor. Le gustaba mucho estar en el barco con el motor encendido, sin moverlo. Le daba sensación de potencia y de orden. De estar listo para partir. El dispositivo de arranque hizo girar el motor y expulsó grandes volutas de humo negro, pero el motor no arrancó. Lo volvió a intentar y fue imposible. Estaba ahogado. Se sintió deprimido y la muela le dolió más que nunca. No probó con el motor de babor. Buscó el revólver y lo colocó en el bolsillo del abrigo.

Ya no tenía tanto tiempo y se dirigió directo a la consulta. Su mujer le había dicho que estaba justo enfrente del edificio del Ayuntamiento, que era un dentista buenísimo, que se lo había recomendado su amiga Lucía. A él no le gustaba Lucía, le incomodaba la forma cómo lo miraba, con cierto aire de suficiencia, y, además, le daba a su mujer muchos libros para leer. Él casi nunca leía libros, sólo unos minutos antes de dormir y... desconfiaba de ellos. Dos o tres veces por semana, Lucía se iba con su mujer de paseo o al cine y lo dejaban solo viendo la televisión. Eso le gustaba, aunque se daba cuenta de que todo lo que no era fútbol era una porquería. Lo único que se podía ver era el fútbol, todo lo demás estaba lleno de anuncios y no los soportaba. La mandíbula le dolía y la mejilla le ardía. Notaba las pulsaciones aceleradas de su corazón en la cara. El dolor ascendía por la parte izquierda de su cabeza y le provocaba hormigueo en el oído. Se daba cuenta de que no controlaba perfectamente sus pensamientos. Mientras caminaba, miró hacia el espigón de piedra que protege el puerto del viento sur y le pareció ver un niño pescando mules al robo. Justo en ese mismo sitio, al lado del Club Marítimo, enormes y apretados cardúmenes de mules se movían en círculos alrededor del desagüe de las cloacas de la ciudad. Con marea baja el olor era horrible. Esta forma de pesca consistía en lanzar a mano un grampín con un plomo y luego tirar con fuerza de la línea. El grampín estaba formado por tres grandes anzuelos soldados entre sí. Al tirar, los anzuelos se clavaban en el vientre de los peces de mayor tamaño. Luego, en el muelle, despanzurrados y sanguinolentos, tardaban mucho en morirse. Al antiguo comisario, le encantaba impresionar de niño a los señores que salían del Club Marítimo con sus montañas de mules muertos. Se sentía reconocido con sus expresiones de admiración y asco ante esa cacería gratuita. Esos mules no se podían comer y había que tirarlos al mar.

El antiguo comisario apretó el paso y llegó a la plaza del Ayuntamiento. Siguió las indicaciones que le había dado su mujer y encontró rápidamente la placa que indicaba la consulta de un dentista en el cuarto piso, mano izquierda. En el ascensor miró su reloj y llevaba diez minutos largos de retraso. Pensó que si le hacían esperar se iría, pero inmediatamente se imaginó a sí mismo dando explicaciones a su mujer y la visión no le gustó nada. Se daba cuenta de que tenía miedo a su mujer y no se lo explicaba. Él era uno hombre fuerte y violento, de baja estatura pero con muy mal genio. Y le gustaba sentir su poder. Llamó a la puerta de la consulta. Una enfermera le hizo pasar, le condujo a una sala donde esperaban dos o tres personas, le preguntó el nombre y le dio un papel. No se quiso quitar el abrigo. ¿Cuándo empezó a tener miedo de su mujer? El antiguo comisario no era una persona que tuviera una gran capacidad de reflexión. Hasta que lo jubilaron había sido un hombre de acción que jamás había tenido ningún escrúpulo para hacer lo que tenía que hacer y tampoco después se había arrepentido de nada. Le había gustado mucho su profesión y sus dos pilares morales nunca se tambalearon: la obediencia y el ánimo de lucro. La primera norma la practicaba por agradar a sus jefes, realizar bien su trabajo y ascender en la jerarquía policial; la segunda por la seguridad y el futuro de su familia. Todo el mundo sabía que los policías cobraban muy poco y que había que redondear el mes con ingresos extras. Extorsionar a las prostitutas que trabajaban a no demasiada distancia de esta consulta y a sus proxenetas no era nada. Si no hubiera sido él cualquier otro policía lo habría hecho. No creía haber hecho nada para sí mismo. Quizá empezó a tener miedo de su mujer cuando dejó de pegarle dos o tres años después de su jubilación forzosa. Le costó mucho superar el disgusto de su retiro en 1981 con sólo cuarenta y seis años y una porquería de pensión y fue la época en que más le pegó. Si no hubiera sido por sus ahorros, no habrían podido tirar adelante y ni automóvil, ni barco, ni nada. Tampoco se ensañaba demasiado, un par de bofetadas de vez en cuando, como a los niños. Y siempre les pegaba con motivo: cuando desafiaban su autoridad. Hasta que ella empezó a amenazarlo con abandonar la casa. Al principio no le hizo caso, pero un día se levantó de la cama y ella no estaba y, en los días siguientes, él tuvo plena conciencia del infierno de vivir sin ella. Le juró que jamás le volvería a poner la mano encima y ella regresó. Desde entonces, todo había cambiado.

En la sala de espera había un gran ventanal orientado hacia la plaza del Ayuntamiento. Para aplacar el nerviosismo, el antiguo comisario se levantó y entre el ajetreo de la plaza contempló la estatua ecuestre del antiguo dictador. Sabía que era una de las pocas que quedaban en toda España y sonrió pensando en la valentía del alcalde que la mantenía allí contra viento y marea. Se acordó del día en que la inauguraron… allá por los primeros sesentas. La ceremonia, la misa solemne, todas las autoridades arrodilladas en plena calle sobre unos cojincitos que habían llevado con ese fin… Y él, en posición de firmes, con su uniforme gris de policía, dispuesto a todo con tal de ascender. Sin embargo, poco después de su retiro había dejado de acudir a las celebraciones del 18 de julio. Eso también había cambiado. Los mismos monumentos, los mismos nombres en las calles, todo eso le gustaba, pero estaba resentido por su retiro: los mismos que le habían encargado las tareas que ellos no querían hacer, ahora lo retiraban. Además, no resistía ser consciente de la realidad: era una excrecencia antigua de una realidad que ya no existía. Una realidad para la que había realizado el trabajo sucio. También tuvo miedo de que alguien pudiera emprender acciones legales en su contra y consultó a sus superiores. Estos le aseguraron que simplemente se había atenido a la legalidad de la época, que si hubiera habido algún delito éste habría prescrito, que no habría procesos contra nadie, que ningún juez admitiría denuncias por torturas tan antiguas y difíciles de probar, que además, nunca había matado a nadie, que se relajara y disfrutara de su retiro. Se lo estaban sacando de encima y se enfadó. Dijo que si tenía algún problema denunciaría a todos los que le habían dado órdenes al respecto y no dejaría títere con cabeza. Su interlocutor, un hombre del Ministerio del Interior, se puso serio, le recordó todo lo que habían hecho por él y le aconsejó que se olvidara de su pasado como policía y empezara una nueva vida, a ser posible lejos de su ciudad. Él se quedó en su ciudad, pero no tuvo más contactos con el ministerio ni con sus antiguos compañeros.

Volvió a sentarse. Ya pasaban veinte minutos y se quejó a la enfermera. Esta le tranquilizó y le dijo que en seguida pasaría. Para acentuar su urgencia le enseñó la mejilla inflamada. Ella le contestó que hubiera sino mejor ir antes a la consulta y no dejar crecer tanto el absceso. No sabía cómo matar el tiempo y la intranquilidad. Se acercó al revistero, donde estaban las previsibles revistas del corazón y algunos diarios. Tomó uno al azar y volvió a su sitio. Cuando se sentó se dio cuenta de que era una publicación desconocida para él. No era un diario, sino un semanario y su nombre era La realidad. Normalmente solo leía la prensa deportiva y al empezar a pasar las páginas le aburrió enormemente ver la longitud de los artículos y que los temas estuvieran relacionados con la crítica de los disparates urbanísticos, la cultura, la naturaleza y la política. Estaba a punto de dejarla cuando, en las últimas páginas, le llamó la atención un artículo que se refería a la represión del franquismo en la ciudad. El corazón le dio un vuelco y si los sonidos de los aparatos del dentista que llegaban hasta la sala de espera ya le habían puesto nervioso, la visión de la foto que acompañaba el artículo le aterrorizó: reconoció perfectamente a una de las personas que a finales de los sesenta había seguido, detenido e interrogado. Se trataba de una mujer y, a pesar de los años, la reconocía perfectamente. Se había cruzado con ella por la calle en numerosas ocasiones y él hacía todo lo posible por acercarse un poco y saludarla. Lo hacía por pura crueldad, sólo para ver cómo le cambiaba la cara y se le ponía tensa, con un rictus de miedo. En una ocasión, ella le había dicho con claridad, pero en voz baja: «¡No me salude más!». Él disimuló como si no hubiera oído nada.

Empezó a leer el artículo con ansiedad y esfuerzo, porque no veía muy bien de cerca. Sintió mucho calor de golpe y las manos le empezaron a sudar. Se quitó el abrigo, lo dejo al lado suyo y continuó la lectura. Por lo que pudo ver en el encabezamiento se trataba de una sección en la que realizaban entrevistas a personas de la ciudad que tuvieron en su momento una actividad política destacada contra el franquismo. Sin poder evitarlo, empezó a temblar. Casi sin empezar a leer la entrevista su peor sospecha se había confirmado: había visto su nombre destacado en negrita. ¿Cómo podía ser eso? ¿Qué clase de publicación era esa? ¿Cómo lo habían permitido? Miró a su alrededor por si alguien se estaba dando cuenta de su azoramiento, pero nadie lo miraba. Hizo un enorme esfuerzo por dominarse y apretó con fuerza las mandíbulas lo que le produjo un agudísimo dolor y una sensación como si algo se rompiera debajo de su muela enferma. Sacó un pañuelo del bolsillo y se secó las lágrimas. Tragó saliva y continuó leyendo.

María Jesús Puerta afirmaba en la entrevista haber sido interrogada y torturada varias veces durante el año 1969 por el policía de la brigada político-social Feliciano Solans en una celda de la comisaría de la ciudad. Como resultado de los golpes recibidos había padecido secuelas irreversibles, con la pérdida completa del oído izquierdo. También se extendía con claridad y precisión sobre las pésimas condiciones de detención, la prohibición de ir al lavabo, la falta de alimentos, la incomunicación, la imposibilidad de contactar con un abogado o telefonear a la familia, la voluntad de amedrentarla mediante amenazas a su familia... y, sobre todo, se acordaba de los sermones. Entre sesión y sesión de interrogatorio había muchísimo tiempo para el aleccionamiento moral. ¿Cómo podía ser que una mujer como ella, casada y con varios hijos que educar (de los cuales daba el policía una descripción completa), estuviera metida en semejantes actividades y con semejantes compañías? ¿Qué dirían sus padres? ¿Qué diría su marido? ¿Cómo podía ser que hubiera dejado de ir a misa los domingos, cómo había confirmado el párroco? ¿Una mujer como ella se había vuelto comunista o anarquista?

María Jesús Puerta llegaba a afirmar que eso le parecía el colmo de la hipocresía porque todo el mundo sabía las actividades de proxenetismo de su interrogador. Además, como se trataba de una ciudad pequeña y tranquila ni siquiera se habían preocupado de traer un interrogador de fuera, un auténtico profesional. El objetivo de los interrogatorios era la delación: ¿Quiénes eran los cabecillas? ¿Cómo podía ser que una organización de la Acción Católica estuviera convirtiéndose en un criadero de rojos, ateos y comunistas? ¿Qué diría el obispo? Ni al interrogador, ni a nadie en la policía le entraba en la cabeza que en realidad la cabecilla fuera ella, una mujer tan insignificante. Por otra parte, en esa ciudad pequeña casi todo se sabía y la policía política tenía informes completos de todos los componentes de ese grupo de la Acción Católica.

A medida que avanzaban los interrogatorios, los policías se daban cuenta de que no tenían nada sólido en qué basar una acusación y esto aumentaba su nerviosismo y, con él, las lluvias de golpes. Al final, sólo pudieron acusarla de asociación ilícita.

Para colmo de males, el entrevistador, que era colaborador de Amnistía Internacional, le preguntaba si había visto alguna vez más, por la calle, al policía que la interrogaba, al tal Feliciano Solans. Ella contestaba que sí y que además pretendía saludarla, ante lo cual el periodista no dudaba en afirmar que personajes semejantes tendrían que estar en prisión.

El antiguo comisario se mostró muy sorprendido de la memoria y de la precisión de esa mujer, así como de la ausencia de sentimentalismo y autocompasión de la narración. Ella recordaba muchos más detalles que él. Lo que no sabía ella era su disgusto por su trabajo. Su disgusto no era moral, sino económico. A los presos políticos no se les podía extorsionar. Menos aún a aquellos sobre los que el obispado tenía algún interés, aunque fuera pequeño. Esto no era óbice para que hubiera tenido muchos deseos de eliminarla y también de violarla. Sin embargo, se había limitado a abofetearla. Bastante fuerte, eso sí. Tampoco sabía ella cómo desde el Tribunal de Orden Público le habían llamado la atención y le habían tachado de chapucero por la debilidad de las pruebas aportadas y de la investigación. Todo era lamentable y su ascenso se demoró algunos años.

Volvió al presente. Su nombre había sido publicado. La publicación seguro que tendría una tirada pequeñísima, pero en esa ciudad todo se sabía. A él nunca le había importado lo más mínimo lo que la gente pensara. ¿Quién iba a creer los testimonios de prostitutas y chulos, o de cualquier delincuente? Pero ahora era diferente. María Jesús Puerta era una mujer que sin haber salido nunca de su barrio ni haber aspirado a cargos políticos importantes era muy querida y respetada por su integridad, su generosidad y su dedicación a actividades sociales de base. Ahora sí que se sintió preocupado por lo que podrían pensar su mujer, su hijo, o sus nietos… si es que pudieran pensar algo a pesar de lo tontos que eran. Por segunda vez en su vida se sintió acabado.

La enfermera lo llamó por su nombre y le hizo una serie de preguntas rutinarias sobre alergias, enfermedades e intolerancias a medicamentos antes de darle un documento a firmar. Él lo firmó sin leerlo y entró en la sala donde lo esperaba el doctor, con

Dolor

la máscara puesta, otra enfermera y la silla reclinable que, para él, siempre había significado un potro de tortura. Al saludar al dentista notó que todavía llevaba en la mano el ejemplar de la publicación.

—Una revista asquerosa —dijo. Y la colocó en un taburete y puso su abrigo encima.

—A mi me gusta —contestó el dentista.

—¡No toque el abrigo —ordenó a la enfermera—. Déjelo ahí.

El médico comenzó la exploración, le palpó la mejilla, le preguntó cuánto tiempo llevaba así y le dijo que era necesario realizar una radiografía. El antiguo comisario jamás se había sentido tan desarmado como en ese momento.

Mientras esperaba el resultado, calculaba las posibilidades de que su mujer se hubiera enterado del contenido de la entrevista. Su mujer no leía publicaciones de ese tipo, pero ese ejemplar que tenía al lado no era precisamente nuevo. Como mínimo, tendría dos semanas. Tiempo más que suficiente para que cualquier persona que en la ciudad tuviera interés en ello ya se hubiera enterado. Tendría que pensar algo. Sobre todo para hacer frente a las acusaciones de beneficiarse del proxenetismo. Pensó que sería buena idea denunciar a María Jesús Puerta por difamación. Así podría ganar un poco de tiempo para inventar excusas más elaboradas.

El médico entró con una pequeña radiografía en la mano y la instaló sobre una superficie luminosa.

—Lo siento pero es necesario extraer la pieza afectada ahora mismo —dijo con gravedad—, no hay tiempo que perder.

Al antiguo comisario le dio un escalofrío.

—¿Ahora? Yo había pensado que me pondría en tratamiento antes de sacarme la muela, hasta que bajara la inflamación.

—Ya ha tomado muchos antibióticos usted mismo estos días y a corto plazo no le harían efecto. La infección puede extenderse por toda la mandíbula.

—¿Anestesia?

—No puedo ponerle anestesia con ese absceso que tiene.

—¿Me quiere sacar una muela sin anestesia? —insistió el antiguo comisario.

—Si no está de acuerdo puede consultar con otro médico. Hay muchos en la ciudad —contestó con tono impaciente—. Pero todos le dirán lo mismo que yo —mintió—. Ahora bien, si tiene miedo... lo podemos dejar.

—¿Miedo yo, ¡joder! con quién se cree que está hablando? Adelante.

El médico sonrió detrás de su mascarilla. Le fijaron las mandíbulas con un aro metálico que le impedía abrir o cerrar la boca y empezó la operación. Fue bastante rápida, pero jamás había tenido tanto miedo ni tanto dolor. Le pareció que le arrancaban la mandíbula entera y lloró como si fuera un niño. Se sentía humillado. Al incorporase para hacer enjuagues vio su abrigo y se acordó de su revólver. Estaba débil, pero jugó con la idea de acribillarlos a todos.

—Descanse —le ordenó el médico—. Todo ha ido bien. Apenas ha perdido sangre.

—¿Todo ha ido bien? Casi me mata.

—No exagere y descanse.

Pasaron quince minutos y la indignación que sentía le ayudó a recuperarse. Poco a poco, consiguió levantarse. Una de las enfermeras le ayudó a ponerse el abrigo.

—No olvide hacerse los enjuagues —le dijo, mientras lo acompañaba a la puerta de la consulta.

Atravesó la sala de espera como un espectro. Estaba muy pálido, con paso inestable, como un anciano y la barba de dos o tres días le daba un aspecto sucio y demacrado.

Salió a la calle y la lluvia le dio en la cara. Esperó hasta que pasó un taxi y se dirigió a su domicilio. Se sentía mal y quería estar en su casa, con su mujer, viendo fútbol en la televisión. Llegó al portal, despidió al taxi y llamó por el interfono. No contestó nadie. Abrió con sus propias llaves y subió en ascensor. En el rellano vio tres maletas, pero no prestó atención. Introdujo la llave en la cerradura pero la puerta no se abrió. Ni siquiera podía hacer girar la llave. Lo intentó varias veces y fue inútil.

Llamó y llamó al timbre aunque sabía que no había nadie dentro de la casa. Estaba estupefacto. No entendía nada. Se sentó en una de las maletas. Vio una carta en el suelo. La recogió. Estaba a su nombre. Reconoció la caligrafía de su mujer. En letras grandes, para que pudiera leer sin lentes, ella le había escrito:

Feliciano, no te quiero ver más. He cambiado la cerradura. Vete. No vuelvas. Eres un monstruo. Siempre tuve la sospecha, pero ahora lo sé. He dejado tus cosas en las maletas. En el sobre tienes las llaves del coche. Si quieres hablar con tus hijos habla con ellos, pero a mí no te dirijas más. Quiero estar sola. Adiós.
p.d. Espero que la visita al dentista te haya dolido. Irene.

Se levantó de golpe y, aunque se sentía aturdido y un poco mareado, arrastró las maletas hasta el ascensor, bajó al aparcamiento y colocó su equipaje en el maletero del automóvil; como si fuera a irse de vacaciones. Pero su mujer no estaba y no estaría nunca más y sus vacaciones durarían para siempre. Seguía lloviendo. Al volante de su coche se sintió un poco mejor. Para salir de la ciudad tenía que volver a pasar por la plaza del Ayuntamiento, delante de la estatua del antiguo dictador. A pesar de su estado de confusión mental, una sospecha iba tomando forma. Al llegar a la altura de la consulta del dentista puso los intermitentes y paró en seco. El automóvil que iba detrás no tuvo tiempo de frenar y chocó contra el suyo. El conductor no llevaba puesto el cinturón y aunque el choque no había sido muy fuerte se dio un buen golpe en la cara contra el volante. Empezó a sangrar y a protestar por la ventanilla.

El antiguo comisario no le hizo el menor caso. Salió de su coche y se dirigió directamente al portal de la consulta. Buscó la placa del dentista y leyó "Espartaco Puerta Odontólogo, cirujano maxilo-facial. 4º2ª". Buscó el revólver en el bolsillo del abrigo, retrocedió unos pasos y, como si estuviera en su club de tiro, disparó cuatro veces seguidas contra la placa. Bajó el revólver y se quedó inmóvil. El otro conductor, que lo había visto todo, se arrojó dentro de su automóvil y se tapó la cabeza con las manos. Un grupo de personas que se había acercado al oír el ruido del choque se dispersó inmediatamente mientras dos o tres mujeres chillaban. El conserje de edificio salió a ver qué pasaba. Vio la placa agujereada y un hombre con abrigo que giraba sobre sí mismo, se encaraba con la escultura ecuestre del otro lado de la calle, apuntaba con su revólver y le pegaba dos tiros. Tenía muy buen puntería porque le dio de lleno en el cuerpo y las balas dejaron dos muescas brillantes. Luego, con tranquilidad, volvió a su automóvil y se alejó. Tenía la defensa trasera hundida y los pilotos encendidos, pero antes de que llegara la policía ya se había perdido de vista.

La bahía

El avión de Londres tenía su llegada a las 12h pero Carla había llegado con mucho adelanto al aeropuerto. Estaba un poco nerviosa. Hacía más de dos años que no veía a su hermano Alfredo y tenía muchísimas cosas que contarle. Por desgracia, la mayoría de las novedades no eran buenas, pero poder compartirlas con él la aliviaban por adelantado. También estaba expectante ante la novia inglesa de su hermano. ¡Estaba un poco loco Alfredo, presentarse aquí con su novia, casi sin avisar, y tener la intención de introducirla en la familia como su futura mujer! Además, no era la primera novia que les presentaba. Carla intuía problemas, muchos problemas, y no solía equivocarse.

El avión llegó con media hora de retraso. El aeropuerto de la ciudad era muy pequeño y toda la gente que andaba por ahí esperaba a ese único vuelo, la siguiente llegada era dentro de dos horas. Había muchos padres jóvenes que esperaba a sus hijos que venían de Londres de estudiar inglés. Carla se acordó de sus veranos en Londres con nostalgia. En ese momento, se abrieron las puertas y aparecieron los pasajeros. Los padres se abalanzaron sobre sus hijos, que no mostraban en absoluto tanto entusiasmo, más bien una cierta confusión. Distinguió a Alfredo y lo llamó. Él dejó las maletas en el suelo y corrió a abrazarla.

—¡Estoy tan contento de verte! —dijo Alfredo—.Ven, te voy a presentar a Diana. Su maleta todavía no ha salido.

La cogió de la mano y la arrastró hasta la cinta transportadora. Allí estaba Diana recuperando su maleta. Y Diana era negra, muy negra. No mulata, sino de un profundo negro africano.

—Diana, te presento a mi queridísima hermana Carla.

—Hola, ¿cómo estás? —Dijo Diana en perfecto castellano con acento latinoamericano—.

Carla estaba estupefacta y sólo acertó a decir. «¡Qué bien hablas!». Diana tenía una sonrisa encantadora.

Mientras su hermano le decía que ella había terminado un máster de relaciones internacionales y que hablaba tres idiomas, ella sólo pensaba en la reacción que tendría su padre cuando la conociese. La novedad era una bomba. Sólo comparable a una improbable declaración de homosexualidad por parte de algún miembro de la familia. De todas maneras, ese año había sido pródigo en catástrofes y esta última que se avecinaba sería de tipo diferente, un poco más agradable.

Subieron los tres en el coche de Carla y cuando estuvieron instalados dijo: «y ahora, ¡atención!». Apretó un botón y el techo se elevó hacia atrás. Se abrió la portezuela del maletero y el techo se colocó allí. Cuando se cerró dijo «¡Voilà!». Su hermano y Diana aplaudieron entre risas. Arrancaron y salieron del aeropuerto.

Era un delicioso día de julio, con sol y una brisa fresca que venía del mar Cantábrico. Uno de esos días ideales en los que se puede estar en la playa durante mucho tiempo sin cansarse por el calor. Todavía no había llegado la avalancha de turistas de agosto y el tráfico era bastante fluido. Cuando alcanzaron la zona de las playas les llegó el olor del mar. La bahía estaba preciosa con marea baja. Como soplaba viento del nordeste no había ni asomo de bruma, todo era nítido y el azul del mar contrastaba de forma muy viva con los arenales de las playas y el verde intenso de los pastos del otro lado. Numerosos veleros realizaban una regata y entre ellos pasaban las lanchas rojas que conducían a los bañistas a las playas de El Puntal.

—Ahí deben estar nuestros padres —dijo Carla.

—¿En la lancha o en el velero? —Bromeó Alfredo.

—Me temo que este es el último verano de velero para nuestros padres.

—¿Tan mal están las cosas?

—Sí, bastante mal.

De los autobuses se apeaban decenas de personas chillonas, de buen humor, ligeras de ropa. Cargaban con toallas, gorros, gafas de sol, cubos, palas y rastrillos para los niños, colchonetas y botes hinchables para el agua, grandes bolsas de paja para la comida y la bebida. Todos contentos porque hacía un día estupendo y había que aprovecharlo. El aire estaba impregnado de olor a tamarindo. Más adelante empezaron a oír el sonido seco y rítmico de los jugadores de palas. Pararon un momento el coche para verlos. Diez o más parejas de jugadores, en su mayoría compuestas por hombres mayores, pero también por mujeres, jugaban incansables. Con los pies clavados en la arena y manejando unas pesadas palas de madera maciza le pegaban muy fuerte a la pelota de tenis, pero con gran precisión. Uno de los miembros de la pareja jugaba de espaldas al muro y devolvía con suavidad la pelota, mientras que el otro remataba con dureza.

—Mira allá —le indicó Alfredo a Diana—, hacia el mar.

En el ancho tramo de arena húmeda que había dejado la marea al bajar centenares de personas mayores se paseaban a ritmo rápido, casi a ritmo de marcha atlética, como si les hubieran dado cuerda. Llegaban a un extremo de la playa y se volvían inmediatamente a la misma velocidad. Como si hubieran hecho una promesa, o se lo hubiera ordenado el médico.

—Veo que en esta ciudad la gente viene a la playa a descansar —dijo Diana con tono irónico.

—Sí, contestó Alfredo, han instalado un servicio de búsqueda de dentaduras postizas y marcapasos entre la arena de la playa —contestó—. Y también de recogida de collares de perlas. Pero esos que se pasean no son de aquí, son de Palencia, de Burgos, de Valladolid y se pasean porque no saben nadar.

—¡Cómo se puede ser tan burro! —dijo Carla—. Los que juegan a las palas son de aquí, pero los que se pasean de fuera, ¿no?

—Pero mira a esa gente —insistió Alfredo—, si se tiran al agua se ahogarán por el peso de las joyas y el tamaño de los relojes y luego esto se llenará de buscadores de tesoros, con documentales del National Geographic y todo. «Los tesoros sumergidos de la playa del Sardinero». Fijaos, fijaos, esa señora, al lado del toldo rojo y blanco, es igual que Carmen Polo de Franco. No me lo puedo creer. Con el peinado, el collar y todo. La noche de los muertos vivientes en traje de baño: Próximo estreno.

—¿Quién fue Carmen Polo? —preguntó Diana.

—Ya te le explicaré, mi amor. Además, no se ven ni bikinis. Todos los trajes de baño son como de cuello alto.

—Venga, rápido —dijo Carla—, vamos a mi casa, dejamos los equipajes, preparamos algo de comer y nos vamos a la playa a darnos un baño. Aquí todo el mundo lo sabe: si hace bueno hay que aprovechar el día.

El apartamento de Carla no estaba lejos. Era pequeño, de dos habitaciones, pero situado en una octava planta con unas vistas preciosas sobre el mar y las playas.

—Tu apartamento es el paraíso del turista. Diana está muy contenta. Venga, vamos a la playa, me muero de ganas de bañarme. Carla: tú eliges playa, que no sea en el geriátrico, por favor.

En cinco minutos llegaron a un gran parque, lo atravesaron andando y llegaron a una pequeña cala entre acantilados que se llama playa de Los Molinucos. A pesar de ser pequeña estaba prácticamente vacía. Nunca había tenido buena fama. No era una playa patricia como las de El Sardinero, sino una playa de la gente pobre de los barrios alejados de la ciudad. Ahora, sin embargo tenía muy buen aspecto. Limpia y reluciente. Se desnudaron muy rápido y se fueron al agua. Cuando llegaron a la orilla se detuvieron: estaba muy fría.

—Poco a poco, queridas mías. Hace mucho que sólo me baño en mi casa y en una horrible y caldosa piscina cubierta. Tanta naturaleza salvaje me abruma.

La primera en zambullirse fue Diana, luego los dos hermanos. Nadaron un buen rato porque casi no había olas. Cuando se cansaron salieron a tomar el sol. Diana continuó en el agua. Se tumbaron juntos y para no hacer más larga la espera de las malas noticias Alfredo inició la conversación.

—¿Bueno, mi preciosa Car, me puedes hacer un resumen de la situación?

—Muy fácil: enchufismo, estafa, negligencia, contumacia,

jubilación, bancarrota, nostalgia del franquismo, aznarismo, un poco de adulterio y cambio de domicilio.

—No está mal, no está mal. Parece la lista de los pecados capitales. ¿Y todo eso ha pasado en un año? ¿Y yo sin enterarme?

—Estoy hasta la coronilla de nuestro padre. Harta, no me explico cómo mamá lo aguanta. Es increíble. Y lo más impresionante es que él continúa como si nada, como si todo fuera una serie de pequeños incidentes sin importancia. Hasta el extremo que quería seguir siendo socio de todos sus clubs: del Marítimo, del Tenis, del Golf de Pedreña y del Círculo de Regatas. Actúa como si todo esto le estuviera pasando a otra persona. No a él.

—Cuéntame lo que pasó en el banco.

—Tú ya sabes que papá entró en el banco no por méritos propios sino por ser hijo de su padre y miembro de la familia López-Cobos… y que, además, le pusieron en un puesto importante en el que no tenía que rendir excesivas cuentas a nadie hasta el final del año: «Relación con empresas emergentes» o algo así…

—Sí, yo nunca he podido imaginar cómo funciona ese banco, cómo puede tener beneficios si absorbe a tantos vagos e inútiles de casa bien de la ciudad. Me imagino las reuniones del gabinete de recursos humanos del banco, deben de ser una maravilla: José Pérez García, doctor en económicas, máster en administración de empresas en la Universidad de Arkan, Miskatonic, USA. Cuatro idiomas, etcétera. Bien: a la ventanilla. O si no que barra las oficinas. Luis Alberto López-Dolina de Cuenca y Aragón. No acabó el bachillerato, experto en contemplar cómo sube la marea mientras apura gin-tonics en el barco de papá y piensa en su próxima moto. Doctor en liar porros. Bien: le vamos a hacer jefe de «nuevos yacimientos bancarios». Adelante, a por otro.

—Después del rastro que ha dejado nuestro padre en el banco, no creo que nos ofrezcan un trabajo a nosotros, ni siquiera que nos dejen entrar en las oficinas—continuó Carla—. La cuestión fue que ya sabes que nuestro padre nunca tuvo mucho amor al trabajo, que prácticamente no pisaba su despacho y que estaba todo el día por su clubs, o de excursión por el campo buscando «empresas emergentes». La empresa más emergente que encontró fue la del dinero negro. No eran cantidades muy grandes, pero tenía un pequeño círculo de amigos empresarios que le pasaban maletines con dinero, él lo invertía y les daba los beneficios. Si alguno le reclama el capital, él siempre tenía una reserva para devolver una parte del dinero. Sacaba una buena comisión y todos contentos.

—¿Pero qué hacía con el dinero que ganaba?

—Pues, en parte, pagarte tus estudios de filología inglesa en Londres. Tontito. ¿De dónde piensas que salía todo el dinero? Resulta que debemos nuestra educación a los beneficios del mercado negro. Pero… no sólo eso. El coche nuevo cada año, el barco nuevo cada dos. Viajes aquí y allá. Joyas, la finca en el pueblo y mi apartamento. Ahora, la propietaria es mamá y le pago un alquiler. Pero lo más increíble es que un hombre tan indolente, tenía una pasión política: ha regalado miles y miles de euros al Partido Popular, bueno, más que al Partido, a Aznar. Yo creo que está enamorado de él, más que de mamá.

—Hay que reconocer que tiene un bigote muy seductor, como su sonrisa y ¿qué pasó?

—Muy fácil, otro amigo le convenció de que dejara de invertir a través del banco en deuda y cosas tan seguras y de poco beneficio y que se lanzara a la construcción, como los auténticos tiburones. Nuestro padre era como un pequeño banco ilegal dentro de otro banco que le daba cobertura. Junto con ese cantamañanas se lanzaron a la construcción y no se les ocurrió cosa mejor que realizar una promoción de más de cien chalets adosados enanos y horribles por la zona de Castro. Papá ponía el dinero, que no era suyo, y el compañero se encargaba de lo demás, sobre todo de los sobornos a los técnicos y a los políticos de las diversas comisiones de urbanismo que el proyecto tuvo que superar. Al final, los ecologistas, con toda la razón, lo denunciaron, un tribunal lo declaró todo ilegal y ordenó la demolición, y no se habían vendido ni la mitad. Llegó el momento de pagar a los inversores y no había dinero. ¿Y cómo se puede fabricar dinero si no hay?

—No tengo ni idea. Yo trabajo en una editorial, Penguin, y no gano demasiado.

—Pues concediendo créditos verdaderos a empresas inexistentes. Una forma de salir del paso. Yo estaba muy extrañada porque veía que papá estaba muy trabajador. No me lo podía creer. Estaba muy preocupado creando nombres para sus empresas. Pero nunca había trabajado y no sabía muy bien cómo se hacía, pidió ayuda a uno de esos genios barrenderos que tú dices y al tercer crédito que concedió le pillaron. Incluso alguien se tomó la molestia de ir a visitar el flamante astillero ultramoderno de embarcaciones deportivas y sólo encontró un barracón con cuatro piraguas. Le hicieron un juicio sumarísimo del que salió muy bien librado: si no quería acabar compartiendo celda con Mario Conde tenía que devolver todo el dinero de los créditos con intereses y desaparecer inmediatamente del banco. No querían verlo ni en fotografía. Como el importe de los créditos que había obtenido ya se lo había dado a sus acreedores, que como eran amigos suyos sólo le habían amenazado de muerte, y no tenía más dinero, tuvo que empezar a vender, vender y vender: el piso de Pérez-Galdós, la preciosa finca de Liérganes, que había sido de los abuelos, la finca de Liébana, mi piso, todo vendido o hipotecado. Lo único que queda es el barco porque el precio que pide es muy alto, pero lo tendrá que bajar. Últimamente decía que quería quedarse a vivir en el barco. Pero mamá ha dicho que de eso nada y se han ido a un piso de alquiler en la calle del Sol.

—Parecemos una familia de novela de Charles Dickens, en lugar de herencia tenemos deudas e hipotecas: ¡Larga vida a nuestro padre, porque si muere las ejecutarán¡ Pero ¿no pidió ayuda al Partido Popular?

—Sí. Al principio no le hicieron mucho caso, pero estoy segura de que esto le ha salvado de la cárcel. No quieren tener fama de desagradecidos. Hubo una llamada del Gobierno a la presidencia del banco para que todo quedara en secreto y no hubiera publicidad.

—¿Pero él cómo está?, ¿cómo ha llevado el paso de señorito postfranquista rey del mundo a proscrito?

—Esta noche le verás. Nos invita a cenar en el barco. En su casa le da vergüenza. Ha ido al psiquiatra y le está medicando, con lo que últimamente adopta una actitud, digamos, filosófica, distante, como si todo le hubiera pasado a otra persona. En cualquier caso, si quieres, esta noche había pensado invitar a nuestro amigo Toni, para que haya menos tensión.

—¡Perfecto, qué buena idea, piensas en todo, Carla! Además es un mezcla perfecta para la mesa de un postfranquista aznariano: una pareja interracial, un chico gay, una chica que vive sola, nuestra madre y él mismo puesto delante del espejo.

Diana se acercó a ellos. «Siento interrumpir, pero empiezo a tener un poco de hambre». A Carla le resultaba sorprendente lo bien que Diana hablaba castellano y la simpatía de su expresión. Además, tenía un cuerpo redondeado que la hacía parecer todavía más afable. Le apetecía preguntarle muchas cosas, pero no lo hizo pensando en que durante la cena ya sería sometida a un severo interrogatorio por parte de sus padres.

Cuando acabaron de comer los bocadillos Alfredo se quedó adormilado y pensó que quizá no había sido muy buena idea presentarse en la ciudad casi sin avisar, con su novia, en medio del cataclismo. En medio, no, al final, porque todo lo que podía derrumbarse ya se había caído. Él tampoco había hecho nada por evitarlo. Se había mantenido al margen, escondido, con la excusa de su trabajo en Londres. Todo el peso había caído sobre su hermana. En cierta manera, que hubieran conservado su apartamento sin vender, solo hipotecado, era un premio. Por otro lado, le daba rabia que todo el patrimonio familiar se hubiese perdido y que en el mejor de los casos sólo se pudiese salvar el apartamento de su hermana, si se pagaba la hipoteca. Realmente, por su padre no le quedaba mucho cariño. Por su madre sí, y por eso iría a cenar con ellos esa noche. Pero, ¿qué podía decirle a su padre después de todo lo que había hecho? ¿Qué tono adoptar con un hombre del que se sentía tan absolutamente alejado ya no sólo en lo ideológico, sino en todo? ¿Qué tono tendría él? Un hombre que, por otra parte, excepto por no haber salido en los periódicos, ni haber ido a la cárcel, ya no podía ser más degradado. Pero un hombre que, a pesar de todo, era su padre. De repente se acordó de un cuento de Antón Chéjov en la que uno de los personajes ante una situación parecida se arrepentía de haber sido demasiado sincero y reflexionaba: «En cual-

quier caso la indignación y los reproches severos eran absolutamente inútiles; habría sido mejor reírse de todo: una buena burla
podía causar más efecto que diez sermones». Decidió adoptar
esa postura, aunque tampoco estaba muy seguro de que fuera
la mejor. Quizá fuera preferible simplemente comportarse con
corrección, no tocar ningún tema delicado, no caer en ninguna
trampa y no volver a ver a sus padres hasta dentro de dos años.

—¿Car, tú crees que papá es racista?

—Seguro que sí, pero no se atreverá a decir nada. Seguro.

Diana había dado un pequeño paseo por la playa y volvía muy
sonriente.

—La gente de esta playa es sorprendente: me han llamado
«morenuca» dos veces. «¿Qué 'morenuca¡, está fría el agua, eh?»,
me han dicho. ¿Qué es esto de morenuca? Dos niñas me han
pedido tocarme la piel. Otro grupo de niños miraba muy atento
el agua alrededor mío, me imagino que para ver si desteñía y se
ponía oscura, o algo así. Y lo mejor de todo, ha entrado un chico
al agua y como estaba tan fría no ha parado de insultarla directamente, como si fuera una persona. Después de darse un baño
mínimo, sin mojarse la cabeza, ha salido, se ha vuelto hacia el
agua y le ha dicho: «¡vete a la mierda, asquerosa!». Nunca había
oído algo así referido al agua: se merece un análisis antropoló-
gico y psiquiátrico.

Carla y Alfredo se rieron un buen rato y le dijeron que en esta
parte del mundo había muchas cosas por analizar y que estaban
en la playa de Los Molinucos y que aquí todo lo acababan en
'uco' o en 'uca'. Y que no se preocupara que este diminutivo era
bastante cariñoso.

—Vale, Vale, dijo Diana. Pues recoged las 'toallucas' y vámonos a casa de Carla a darnos una 'duchuca'.

Pasaron el resto de la tarde descansando en el apartamento.
Luego se vistieron para la cena y fueron con el coche a buscar a
Toni. Estaba encantado de poder cenar en el barco y contemplar
los últimos restos del botín, pero no entendía muy bien por qué

le invitaban para una cena tan familiar, ni cómo los padres de Carla y Alfredo tenían ganas de organizar cenas.

—Una cosa importante —dijo Carla: al primero que compare a papá con Roldán lo tiro por la borda . En primer lugar, mi padre nunca ha robado dinero público, en segundo, lo ha devuelto todo y en tercer lugar, Roldán es un adefesio y mi padre sigue siendo muy guapo. ¿Entendido? Tu papel es el de amigo mío de toda la vida, el de testigo, para que no haya violencias ni malentendidos. La cena es de recibimiento a mi hermano, que hace más de dos años que no se ven y a su novia Diana.

Al oír esto Alfredo se conmovió un poco al darse cuenta de que, a diferencia de él, su hermana seguía queriendo a su padre. El nuevo puerto deportivo estaba situado fuera de la ciudad, al fondo de la bahía. Dejaron el coche y caminaron por el muelle guiados por Carla. Alfredo nunca se había parado a pensar cómo sería el barco, pero lo que vio superó todas sus expectativas. Era un barco magnífico, precioso, enorme. Estaba situado de popa al muelle y Alfredo pensó que era el más grande que podía ser manejado por una sola persona. Estaba nuevo y reluciente, recién limpiado, todo brillaba bajo los focos nocturnos y la proa no se veía en la oscuridad. Carla llamó a sus padres. Mientras salían a recibirlos, Alfredo no salía de su asombro al pensar cómo había sido posible que alguien creyera que se podía tener un barco así con los ingresos de un empleado de banca, por jefe que fuera. «Bueno», se dijo, «en realidad no creo que nadie lo creyera, con excepción quizá de mi madre». Los padres salieron y ellos empezaron a subir por la pasarela.

Sus padres les hicieron un recibimiento muy cariñoso. Dedicaron muchos piropos a Diana, alabaron la perfección de su castellano y a él le riñeron amigablemente por haber tardado tanto en visitarlos. También se alegraron de ver a Toni, a quien preguntaron por su trabajo en la Universidad y por la salud de sus padres. Les ofrecieron una copa de champán helado. Todo perfecto. Su madre no tenía demasiada buena cara, se le notaba en los ojos una expresión triste y cansada, a pesar de sus esfuerzos por parecer alegre y relajada. Era normal, nunca había trabajado, y ahora con su hija se pasaban muchas horas en la tienda de ropa que habían abierto y que era, en realidad, el auténtico sustento de la familia. Además, conociéndola, no podría dejar de pensar que por cosas como esta, un tremendo yate, su vida, su confortabilidad y, en alguna medida, el futuro de la familia se hubiera ido al garete. Cuando se abrazaron a su madre se le escapó una lágrima que se enjugó con coquetería. Alfredo tenía ganas de salir corriendo, pero cogió a Diana de la mano y siguió representando su papel de hijo amante y novio ideal. Si su madre estaba un poco demacrada su padre estaba fenomenal: bronceado, un poco más grueso que tiempo atrás, alto, con el pelo entrecano peinado hacia atrás... Parecía más joven que su mujer y mucho menor de los sesenta y cuatro años que tenía. A pesar que no hacía calor, no llevaba chaqueta, sino un polo azul marino que destacaba sus brazos fuertes y un pantalón blanco, muy marinero todo. Además se comportaba como si no hubiera pasado nada, como si el barco no estuviera en venta y fuera el final de un espejismo que hubiera podido costarle la prisión por muchos años. Alfredo pensó que el psiquiatra de su padre era un mago, y que su propio padre un actor consumado a golpe de coquetería, indolencia, vanidad y pastillas. Ahora estaba actuando para Diana y desplegaba todas sus facultades. Hablaba sobre el barco, que ahora que podían apreciar su interior era de muy buen gusto, con acabados de madera de teka y acero reluciente. Alfredo se acercó, se acordó del consejo de Chéjov, y quiso hacer una broma:

—Lo único que le falta a este barco, papá, es un pez espada disecado. ¿No os acordáis de la película Con faldas y a lo loco cuando Toni Curtis, disfrazado de millonario, lleva a Marilyn Monroe al yate y en el salón ven un pez espada en la pared y ella le pregunta «¿Cómo se llama este pez?». El piensa un poco y dice: «es una anchoa». Y cuando Marilyn le contesta que ella pensaba que eran más pequeñas, Toni Curtis le dice que cuando las meten en la lata encogen con la sal. ¿Os acordáis?

Su broma no tuvo demasiado éxito, sólo su madre y su amigo Toni rieron. Su padre permaneció serio, pero Toni recordó en voz alta el final de la película: «(...)pero, soy un hombre» (y el millonario): «nadie es perfecto».

Tuvo más éxito que Alfredo porque hubo más risas. Carla volvió a llenar las copas.

Había buen ambiente y, antes de que pasaran a cenar a la cubierta superior, el padre de Alfredo, que también se llamaba Alfredo, insistió en enseñarles el barco. Era como para perderse: los espacios eran pequeños, pero había muchos: cubierta superior, inferior, salón, cocina, tres dormitorios, armarios, dos baños y una cabina de mando en el puente que parecía la cabina de un avión. Toni dijo que ahí podía vivir una familia numerosa, pero Alfredo padre no le hizo caso, entusiasmado como estaba explicando las características técnicas del barco, los cientos de caballos de potencia de los motores y la increíble tecnología que permitía navegar de noche como si fuera de día. Alfredo hijo asistía estoico y consternado al discurso preguntándose si su padre no estaría a punto de volverse esquizofrénico. No le gustaban demasiado los barcos, se mareaba al más leve balanceo y ahora ya empezaba a sentirse mareado sólo pensando lo que habría costado pagarlo y lo que costaría de vender.

—¿Cuánto puede costar un barco como éste? —preguntó suavemente.

—Más de lo que tú puedes ganar en diez años —le contestó su padre con acritud.

Alfredo se sintió desconcertado por la violencia de la respuesta y sólo acertó a responder que el ganaba en libras (pounds, dijo) y que la vida en Londres era muy cara, por lo que creía que serían necesarios quince años. Cuando acabó de decirlo un escalofrío le recorrió la espalda al pensar que, dada la situación, no fuera cierto que realmente tuviera que pagar él el yate de papá o su equivalente en deudas.

Para salvar la situación, su madre, que también se llamaba Carla, les hizo sentarse en la mesa para cenar, en la cubierta superior. La cena consistía en un catering exquisito frío y caliente, y unos vinos de los que su padre iba alabando su calidad. Pronto se vio que el centro de la reunión era Diana y que ella se desenvolvía perfectamente en medio del interrogatorio. Les comentó que sus padres eran médicos keniatas que vivían en Londres, que ella había nacido en Nairobi, pero que de pequeña ya se había trasladado a Inglaterra; así y todo, se sentía muy interesada por África, un continente que sufría mucho y sobre el que había muchísimos prejuicios. Ella había estudiado derecho, pero quería ser diplomática, y había acabado un máster para empezar a prepararse para acceder al cuerpo diplomático inglés o al keniata, no estaba segura, podía optar a ambos porque tenía doble nacionalidad.

Alfredo padre había escuchado todo muy serio y dijo que todo lo que se sabía de África en España era por los negros (utilizó 'ese' término) que se ahogaban cuando se hundían las pateras y que hubieran hecho mejor quedándose en su tierra. Carla madre dio un respingo que casi le hace volcar su copa de vino y antes de que Diana pudiera reaccionar dio un golpe en la mesa y dijo con mucho énfasis:

—Alfredo, te prohíbo que hables en esos términos. Tendrías que mostrar más compasión. Esa gente que se ahoga en el mar huye de la miseria y de la guerra, la mayoría son de Sierra Leona o de Liberia, países totalmente destrozados por guerras interminables y se embarcan con mujeres embarazadas o con recién nacidos por su extrema necesidad. Además, una de las imágenes más horribles que he visto últimamente en los periódicos y en la televisión es la de la gente en las playas de Cádiz o en las de las Islas Canarias tomando el sol y al fondo los cadáveres amontonados que la marea había dejado en la orilla. ¡Horrible! ¡Horrible! —los ojos se le estaban empañando y se fue a por los postres.

Alfredo nunca había visto a su madre hablarle con tanta dureza a su padre y pensó cuánto habían cambiado las cosas en su casa, y que ya era hora de que se produjera ese cambio. Su padre, como si no pasara nada y para dar un tono más ligero a la conversación, hizo la siguiente pregunta:

—¿Cómo una chica tan inteligente y preparada como tú ha podido fijarse en alguien como mi hijo Alfredo, al que sólo le interesa el cine y la literatura?

Alfredo se quedó sorprendido, pero Diana empezaba a perder la paciencia. Decidió cambiar de tema:

—Bien, ya hemos hablado mucho de mí. Cuando veníamos en coche del aeropuerto me he fijado en que todavía está en pie la estatua de Franco. ¿Cómo puede ser esto?

Por primera vez en toda la noche el padre de Alfredo dio muestras de nerviosismo. Carla hija y Toni no decían nada. Alfredo padre se atragantó un poco antes de contestar e hizo un esfuerzo por mostrarse ecuánime.

—¿Pero tú sabes quién fue Franco? Pensaba que fuera de España muy poca gente lo sabía. Además, independientemente de estar a favor o en contra de su legado político ha sido una figura central en la España contemporánea, una figura histórica...

—Sólo organizó una guerra civil, dejó un millón de muertos y un país aislado durante cuarenta años. Una gran figura histórica —le interrumpió su hijo.

Carla hija intervino en la conversación:

—Si esas esculturas siguen ahí es porque en el Ayuntamiento gobierna el partido conservador, el PP, si hubiera otro, seguramente no estarían. Además, no es solo esa escultura hay otras muchas como la del faro de Cabo Mayor. Sí, esa que de pequeños nos daba tanto miedo cuando nos explicaban cómo los rojos tiraban a la gente por los acantilados.

Cualquier cordialidad que pudiera haber habido en la cena se había disipado, además con la tensión todos estaban bebiendo mucho. Alfredo hijo se sentía cada vez más enfadado y ebrio. Pero miró a su padre fijamente y le dijo:

—Mira, papá, yo sólo siento que se olvidaran de tirar a unos cuantos, seguramente, los pobres, no tenían listas fiables, actualizadas.

—¿A sí, por quien lo dices? ¿Por tus abuelos?

—No, no, creo que en esa época tú ya estarías en edad de volar ¿no?

El padre de Alfredo se levantó de repente, justo en el momento en el que su mujer venía con el postre. Chocaron y la bandeja con el sorbete de limón, las copas y las cucharillas calló por el suelo. Mientras los demás se apresuraban para ayudar, él desapareció.

Carla hija empezó a llorar. —¿Estarás contento, no Alfredo? Lo has estropeado todo, todo. Estas dos años fuera, no te preocupas por nada, vienes y, en lugar de ayudar, lo empeoras todo.

—Lo siento, lo siento, me he pasado. Pero es que me saca de quicio. No puedo soportarlo. Bien, recogemos todo este desastre y nos vamos. ¿Dónde se habrá metido?

Lo recogieron todo y se dirigieron a la cocina para ayudar a su madre con los cristales rotos. Carla madre estaba poco afectada, seguramente pensaba que siempre había corrido el riesgo de que todo acabara fatal, como había sucedido. Se estaba empezando a preguntar si ésta había sido la última comida familiar que nunca más organizaría. Alfredo hijo se acercó para pedirle disculpas cuando notaron un movimiento brusco en el barco; luego, un pequeño deslizamiento, y, a continuación, el ruido y la vibración de los motores al ser encendidos. La megafonía interna se activó y oyeron la voz de Alfredo padre diciendo:

—Nada mejor que un paseo nocturno para rematar esta cena encantadora. Además, hablando de volar, podréis apreciar cómo volamos todos por la bahía con mi barco. La temperatura exterior es de 19 grados, hay buena visibilidad por la luna y una ligera brisa de componente nordeste de fuerza 2. Una noche perfecta para navegar. ¡Vamos allá!

—¡Nosotros no queremos ir de paseo! ¡Queremos ir a casa! —exclamó Alfredo hijo. Salió a la cubierta y vio que ya estaban alejados del pantalán y que se dirigían a la bocana del puerto. El barco se deslizaba muy suavemente, casi en silencio. Luego se dirigió a la cabina, pero su padre se había encerrado por dentro y no había otra forma de entrar. Golpeó en la puerta y le exigió que diera media vuelta, pero fue inútil. Dejaron atrás las luces del puerto. La megafonía interior volvió a activarse:—

—Les habla el comandante de la nave: las condiciones de navegación son óptimas por lo que vamos a aumentar un poco la velocidad.

En ese momento los motores empezaron a rugir con furia. El barco se estremeció. La proa se elevó y la velocidad empezó a aumentar.

—Mamá —dijo Carla—, no podemos ir a esta velocidad, vamos a tener un accidente. Vamos tú y yo a hablar con papá.

Llegaron hasta la cabina, insistieron en entrar y, desde dentro, Alfredo ni siquiera contestó. Iban rapidísimo, ninguno de los presentes sabía que un barco pudiera ir tan rápido. Diana, que se había unido al grupo de suplicantes, dijo:

—Podíais preguntarle si quiere ir a Inglaterra, a esta velocidad llegaríamos en cuatro o cinco horas y nos ahorramos el avión.

Alfredo se rio mucho del sentido del humor y la presencia de ánimo de Diana, que todavía se resistía a rendirse al miedo como los demás. Sin embargo, Toni, que se había quedado atrás, tenía cara de pánico. Mirad hacia delante les dijo. Pudieron bajar una de las ventanillas y vieron que se dirigían directamente hacia un barco de carga que era arrastrado por un remolcador. El barco era pequeño, para ser un carguero, pero a medida que se acercaban su silueta se iba haciendo más y más grande. Iban directos contra su flanco.

—¿Pero qué quiere hacer este hombre? Gritó Carla madre. ¡Alfredo, sé que me oyes, ya está bien, cambia el rumbo¡

Al poco rato, Alfredo cambió efectivamente el rumbo. Describió una amplia curva hacia el fondo de la bahía y todos se relajaron porque pensaban que volvían al puerto. Pero no. Lo que hizo fue adelantar al carguero y al remolcador, volver a virar hacia mar abierta y meterse exactamente en la misma trayectoria que llevaba el remolcador. El capitán del remolcador no debía dar crédito a sus ojos cuando vio cómo un yate, casi de su mismo tamaño, le adelantaba, viraba y se dirigía exactamente contra su proa. Empezó a tocar la sirena, pero el yate no se apartaba. Si seguía en la misma trayectoria en dos minutos chocarían. El remolcador no podía apartarse porque estaba arrastrando al carguero y con el cable tenso no podía hacer maniobras bruscas. El capitán empezó a gritar por el altavoz del remolcador: «¡Apártese, apártese, vamos a chocar, vamos a chocar! ¡Apártese, imbécil!» El capitán calculó automáticamente que el remolcador resistiría el impacto porque era muchísimo más pesado y fuerte pero estaba bastante asustado ante la perspectiva del golpe. Podía intentar virar, pero el cable no resistiría y si llegaba a romperse pondría en peligro la vida de su tripulación. Había visto como se comportaba un cable que no resistía la tensión: se transformaba en un gigantesco látigo de acero de cinco centímetros de diámetro que cortaba como una cuchilla todo lo que encontraba a su paso. A pesar de que el impacto parecía inminente decidió no moverse ni un milímetro de su ruta y aguantar. Eso sí, hizo que todos los hombres interrumpieran su tarea, incluso los maquinistas y que todo el mundo se fuera a popa cuanto antes.

Dentro del yate los nervios no estaban tan controlados. Todos gritaban y aporreaban la puerta de la cabina. Cuando se dieron cuenta de que iban directos hacia el remolcador dejaron de intentar entrar en la cabina y se lanzaron a la búsqueda de chalecos salvavidas. Se los pusieron a toda velocidad.

—Jamás pensé que sería capaz de ponerme un chaleco salvavidas. Tanto ver la demostración en los aviones y voy a tener que ponérmelo en un barco y en medio de la bahía, no en medio del Caribe. Es un poco ridículo —dijo Toni con un cierto aire de resignación.

—Y ahora nos tenemos que poner con las manos en la cabeza y la espalda contra la pared, rápido, rápido —dijo Alfredo.

Pero ni si quiera su madre le hizo el menor caso: todos estaban en las ventanillas viendo cómo el remolcador hacía señales luminosas con sus focos. El yate mantuvo su velocidad, pero cuando ya estaba a punto de chocar viró sólo lo suficiente para evitar el choque. Pasaron a menos de un metro de su costado, rugiendo y levantando espuma. Pudieron ver perfectamente al capitán y a la tripulación vociferando con los brazos en alto. En ese mismo momento, se oyó en la cabina del yate una pequeña explosión y un destello luminoso, como un cohete de feria, salió disparado hacia el remolcador e impactó contra la parte superior del puente, donde están las antenas. Se trataba de una bengala que al chocar había estallado haciendo un efecto como de fuegos artificiales.

—Le ha disparado una bengala. ¿Cómo se puede ser tan fanfarrón? —dijo Alfredo y volvió a intentar entrar en la cabina—. Ya sé qué podemos hacer. Llama por el móvil a Salvamento Marítimo, les decimos que nuestro padre se ha vuelto loco y que antes que nos estrellemos nos vengan a buscar. No sé el número. Llama al 112 que sirve para todo.

Carla llamó, pero en el 112 parecían no entender nada. Después de cinco minutos de explicaciones y de aportar muchísimos datos, le dijeron que se pondrían en contacto con Salvamento Marítimo a ver qué podían hacer. Mientras tanto, el yate seguía lanzado hacia mar abierta. Alfredo calculó que a esa hora (casi la una de la madrugada) era poco probable encontrar más barcos circulando por la bahía, pero se equivocaba. Un poco más adelante, una débil luz señalaba el lugar en el que dos pequeños botes de pesca pasaban la noche. Su padre también los debió ver, porque giró directamente hacia ellos. No fue necesario embestirlos: los hizo zozobrar sólo con las olas que levantaba el yate. Alfredo fue corriendo a popa y lanzó al mar dos salvavidas para que los pescadores, si sabían nadar, pudieran agarrarse. Ahora bien, lo peor estaba por llegar. Un minuto después, bruscamente, descendió la velocidad y se apagaron todas las luces del barco. Después de tanto estrépito, la sensación de silencio fue muy intensa.

—Y ahora... ¿qué? —pensaron todos.

Durante dos o tres minutos siguieron así: a la deriva, movidos por un suave oleaje, pero pronto se dieron cuenta de cuál sería la próxima sorpresa: entre las boyas que señalan la canal de entrada a la bahía se dirigía poco a poco hacia el puerto una de las lanchas que hacen paseos turísticos con cena y fiesta incluidas. La noche se había vuelto mucho más oscura. El mar parecía negro y denso. Desde el yate empezaron a oír la música de la lancha turística y las risas de sus pasajeros. El padre de Alfredo dejó que se acercaran más, mientras esperaba completamente invisible entre las tinieblas. Así permaneció durante diez minutos hasta que la lancha se acercó a unos cincuenta metros. En ese momento, el yate arrancó a toda potencia y se lanzó contra la lancha. Los turistas vieron que un barco enorme se les echaba encima a toda potencia y empezaron a gritar. El yate pasó muy cerca de la popa y el padre de Alfredo les disparó con otra bengala. En la lancha cundió el pánico. La gente empezó a correr despavorida, chocando unos con otros y tirándolo todo a su paso. Por suerte, la bengala parecía no haber herido a nadie y uno de los camareros encontró un extintor con el que apagar el fuego que empezaba a propagarse. El yate viró en redondo y se lanzó otra vez contra la lancha. Esta vez la pasada fue por la proa, todavía más cerca, y otra vez volvieron a recibir el impacto de una bengala. El patrón de la lancha, aterrorizado ante las maniobras suicidas del yate, decidió parar los motores y pedir ayuda por radio a la Comandancia del Puerto. Fue un error, porque eso dio al padre de Alfredo una sensación de victoria. Los turistas estaban enloquecidos. Todos exigían a la vez sus chalecos salvavidas y nadie intentaba apagar el fuego de la bengala. El yate volvió a virar hacia la lancha y se acercó despacio, amenazante. Por la cara de pánico que tenían los pasajeros, la victoria de Alfredo padre era total. Poco a poco, rodeó la lancha, que sólo era un poco más grande, y empezó a girar a su alrededor. Para que los turistas no se aburrieran les lanzó más bengalas a medida que aumentaba la velocidad y además conectó la sirena.

El yate giraba completamente inclinado y a una velocidad cada vez mayor. La fuerza centrífuga hacía que el yate se alejara de la lancha, pero el efecto del oleaje y la potencia de la embarcación eran tan fuertes que la lancha empezó a girar sobre su eje en medio de un violento balanceo. Debieron de ser unos quince minutos pero si la situación de los turistas era casi desesperada, dentro del yate, la situación no era mejor. Estaban agarrados donde podían y a su mareo y su miedo había que sumar el sentimiento de vergüenza que sentían por lo que su padre estaba haciendo.

Desde el fondo de la bahía empezaron a verse ráfagas de luz intermitente, como si fueran las luces de una ambulancia que se acercaba. Alfredo padre también debió verlas, porque después de tres o cuatro vueltas más enderezó el rumbo, abandonó a los desconsolados turistas, y se dirigió de nuevo hacia mar abierta a toda velocidad. Alfredo hijo estaba muy mareado, pero por las luces de las boyas se dio cuenta de que se dirigían de nuevo a alta mar. Miró a su alrededor y vio el aspecto lamentable que ofrecían su madre, su hermana, su novia y un amigo de siempre, es decir, casi toda su familia y, cosa rara en él, se sintió responsable de la situación, pensó que había que hacer algo y que tenía que ser él quien lo hiciera. Pensó que su padre también tenía que estar un poco aturdido después de tantas vueltas y de tanto disparar bengalas y que si esta carrera demostraba algo era que su padre estaba muy mal bajo esa calma aparente que había mostrado en la cena. También pensó que quizás alguna de las ventanillas por las que había disparado todavía estuviera abierta. Alfredo hijo era de natural un poco cobarde, pero no tenía otro remedio que arriesgarse. Salió a la cubierta posterior, trepó a la parte superior del barco, vio que ,efectivamente, una ventanilla lateral estaba abierta y que, con suerte, podría deslizarse dentro de la cabina sin caer al agua. La operación no era fácil porque todo estaba mojado y resbaladizo y el barco se movía mucho. Intentando no hacer demasiado ruido se colgó de una de las antenas y dejó caer el cuerpo por el costado de la cabina con la intención de introducir poco a poco las piernas por la ventanilla, pero no fue así porque sus manos resbalaron, cayó de golpe, una pierna fue a parar adentro de la ventanilla pero la otra no y se quedó sentado a horcajadas en el marco. Para su suerte, el siguiente golpe que dio el barco fue lateral, con lo que entró en la cabina de cabeza y se quedó en el suelo lamentándose de sus dolores. Su padre se rio un poco de él al verlo tan encogido y tan quejica y volvió a pensar en qué habría visto esa chica en su hijo.

—¡Papá, ya está bien! ¿Nos quieres matar a todos? ¡Vuelve inmediatamente al puerto!

—Creo que no estás en condiciones de darme órdenes, hijo, he dicho que íbamos a dar una vuelta y volveremos cuando yo lo diga. ¿Qué te parece nuestro vuelo?

—Papá, lo siento. Ya sé que estás enfadado por lo de antes —Alfredo decidió seguirle la corriente y no dejar de hablar, esperando un descuido—. Si querías asustarnos ya lo has conseguido. Si querías demostrar lo bien que manejas el barco... también lo has conseguido. Pero mamá te pide que vuelvas al puerto porque se encuentra fatal.

—Mira, hijo, a los padres hay que tratarlos con respeto —y en ese momento redujo la velocidad casi a la mitad, para que el ruido de los motores no ahogara su voz—. Yo reconozco que últimamente las cosas se me han ido de las manos, pero esa no es razón para perder el amor que los hijo deben a los padres. Yo siempre he trabajado para mantener a la familia, daros una educación y una posición social y para que la sociedad progrese en el camino recto.

Alfredo hijo perdió la paciencia. En muy poco tiempo saldrían a mar abierta y en ese momento nadie podría detenerlos.

—Papá —empezó a contestar desde el suelo donde estaba acurrucado—, tú eres lo bastante inteligente y lúcido para darte cuenta de las cosas, no te engañes más. Por favor, no repitas más esos horribles lugares comunes y menos en las condiciones actuales. Hasta ahora nos hemos podido esconder tras las frases hechas y los tópicos y las convenciones. Pero eso se acabó. Tú has sido toda la vida un privilegiado: tan de buena familia, tan franquista, tan guapo, tan enchufado y siempre has vivido de maravilla casi sin trabajar, como muchos de nuestros amigos. Yo también me he aprovechado de todo esto, pero he sido consciente. Ahora te has arriesgado y has perdido. Te han atrapado, te han cogido. Has sido un burro cuando te quedaba tan poco tiempo para jubilarte. Y todo para qué. ¿Para tener un barco de millonario play-boy? Y suerte que tienes de no estar en la cárcel y que mamá no te haya dejado plantado. Por favor, reconoce de una vez que has metido la pata, que te has equivocado y deja de hacer el gamberro por la bahía, que ya no tienes edad de hacer el pirata. No seas patético.

El padre de Alfredo estaba horrorizado... ¿cómo esa víbora podía ser hijo suyo? Soltó una mano y alzó el puño para golpearlo, pero en ese momento, su hijo se abalanzó sobre el volante y se colgó con todo su peso haciéndolo girar hacia la derecha. Fueron suficientes unos pocos segundos de forcejeo porque la playa de El Puntal estaba bastante cerca y el barco se empotró en diagonal contra la orilla. A pesar de que había reducido la velocidad, tenía tanta fuerza que salió completamente del agua y casi llegó hasta la arena seca. Era un barco resistente. A pesar del impacto, no se partió. Trazó un enorme surco en la arena, las hélices se quebraron, pero la quilla aguantó. Allí se quedó varado, de medio lado, enorme y monstruoso a la luz de la luna.

El único que perdió el conocimiento fue el padre de Alfredo, los demás, magullados pero conscientes empezaron a salir del barco y bajaron a la arena. Allí se abrazaron y comprobaron que estaban bien.

—Un aterrizaje un poco brusco, ¿no? —dijo Carla.

—¿Dónde estamos? —preguntó Diana.

—Estamos en la playa de El Puntal, casi en Somo, y hemos llegado sin pagar el billete de la lancha —contestó Alfredo—. ¡Cuántas emociones para un solo día! Eh, ¿Diana?

—Sí —contestó—, si tengo otro novio alguna vez, no dejaré que me presente a su familia.

En ese momento el barco de Salvamento Marítimo llegó a su altura, les enfocó con unas luces muy potentes y desde el mar les preguntaron cómo se encontraban. Ellos contestaron por señas que estaban bien, pero que quedaba una persona en el interior del barco. Arriaron una lancha neumática con un equipo médico que se dirigió a la playa. Entraron en el barco y en muy poco tiempo sacaron a Alfredo padre en una camilla, con un collar ortopédico en el cuello. Todos se acercaron para ver cómo estaba. Había recobrado el conocimiento y protestaba con fuerza porque no necesitaba la camilla y quería ir andando. Las personas del equipo de rescate eran extraordinariamente amables y tranquilizadoras y a sus preguntas contestaron que por lo que parecía no podía tener nada grave. Colocaron la camilla con cuidado en la lancha neumática y lo llevaron despacio al barco de salvamento. A Alfredo le chocó tanta amabilidad, seguramente pensaba que su padre había sido el culpable de todo el desastre de esa noche y que tenía que empezar a ser castigado en ese mismo momento, que lo tiren por la borda, que lo pasen por la quilla, que se lo coman los tiburones, pensó, si queda algún tiburón por estos mares, que lo dejen al lado de los probables heridos de la lancha turística que acababa de intentar quemar, o que lo dejaran un rato a solas con el capitán del remolcador. Luego se calmó y comprendió que los del equipo de salvamento no sabían nada y que su obligación era tratar bien a los heridos, no vengar agravios ajenos.

Al cabo de un momento volvieron a por ellos. Les hicieron subir en la fueraborda neumática. Alfredo dijo que él prefería volver andando por el pueblo de Somo, que ya encontraría algún taxi, que no quería saber nada de barcos, lanchas, zodiacs o cualquier cosa que flotase. Pero los del equipo de rescate les dijeron que tenían que llevarlos al hospital para que los reconocieran. Al final, todos le dijeron a coro: «¡Calla Alfredo!». La operación no era fácil, porque las olas rompían y antes de que pudieran subir ya estaban todos empapados y tiritando.

Una vez en el barco, Alfredo pensó que a partir de ese momento tendría que buscar la manera de ocuparse un poco más de su familia o al menos, de las mujeres de su familia.

La exposición

I

Hasta el verano de 2004 se podía ver al lado de las playas alejadas de la ciudad un personaje sorprendente: un pintor de caballete, paleta y sombrilla que de lejos podía confundirse con uno de tantos, pero que, a medida que el observador se acercaba, ponía de manifiesto sus características sobresalientes. Antes que nada era muy pulcro. Sus manos estaba limpias y sus ropas todavía más. Vestía de blanco riguroso, pantalón y camisa, ambos inmaculados. Sólo había alguna mancha en el delantal —perfectamente planchado y también blanco— con el que se cubría la cintura y las piernas. Se protegía del sol con una gran sombrilla de color crudo, pero muy claro, como un blanco roto. Tanto blanco —además del lienzo, evidentemente— le molestaba en los ojos y lo corregía con unas grandes gafas de sol no demasiado oscuras, graduadas según su miopía (que no era pequeña), pero que alteraban completamente la percepción de los colores. Esto no le importaba demasiado: había oído en alguna parte que Monet, o Manet (nunca se acordaba), tenía cataratas y había pintado unos cuadros excelentes. Pues bien, él también podía pintar con gafas de sol y cuando llegara a casa para terminar la pintura ya se las quitaría.

El taburete en el que se sentaba era de importación, de aquellos que con un solo movimiento se pueden convertir en un cómodo bastón de paseo, y al lado tenía una butaca-tumbona con reposapiés que en quince segundos se podía introducir en una bolsa de minúsculas proporciones. Se notaba que era un hombre que disfrutaba comprando y que estaba orgulloso de su gusto, porque el caballete era de la mejor madera y con unos acabados metálicos relucientes. La caja de óleos era un portento. Todos los colores de la mejor marca y todos los tubos nuevos, más relucientes aún que los acabados color cobre del caballete. Después de cada sesión todos los tubos que había empezado los retiraba. Se sentía despilfarrador y muy artista al hacer eso. Le encantaba quitar el tapón, oler la pintura, ver el color, apretar un poquito y dejar caer un chorrito en la paleta. Tenía una gran maestría para volver a cerrar sin mancharse mientras aguantaba la paleta y el tapón con una mano y con la otra daba vueltas al tubo hasta cerrarlo. Esta operación era bastante dispendiosa, porque siempre colocaba en la paleta muchos colores más de los que necesitaba, por el gusto de abrir, exprimir y cerrar, y, además, a veces, se levantaba un poco de aire que hacía que algunos granos de arena se pegasen a la pintura. Entonces, casi sin moverse, se ponía muy rígido, tiraba la paleta al suelo, tomaba otra y volvía a empezar todo el proceso.

En gran medida esto justificaba su poca producción. Era un enamorado de todo lo que rodeaba la pintura y, sobre todo, de los artículos de las tiendas de bellas artes, con sus cajas de pinturas, los modelos de yeso o de madera, las decenas de colores, papeles, lápices diferentes, las acuarelas, las témperas, las ceras, la arcilla para modelar… como disponía de mucho dinero, tenía que hacer un gran esfuerzo para no comprarlo todo. Incluso sopesó la idea de montar un negocio de bellas artes con su propio capital, pero llegó a la conclusión de que lo arruinaría con su avidez.

El principal problema de la pintura era tener que pintar. Cuando mojaba por primera vez el pincel en el color y lo dirigía hacia la tela siempre sentía una cierta pena por estropear el blanco inmaculado del lienzo, pero se acordaba de su estricta formación militar, se ponía en posición de firmes con la espalda recta y la cabeza un poco hacia atrás, y empezaba a aplicar color a la tela. Era mal pintor. Y peor dibujante. De hecho, las personas que se acercaban a mirar nunca entendían muy bien la relación entre lo que había en la tela y el paisaje que había enfrente. La mayoría pensaba que para pintar aquellas formas quizás hubiera sido mejor no salir de casa. Sólo los niños eran sinceros y preguntaban a sus padres qué era lo que pintaba ese señor, pero los padres impresionados por la inmaculada y seria apariencia del aludido los tomaban en brazos y se marchaban muy rápido. Además, el pintor era un señor mayor de aspecto arrogante y muy estirado, pero bajito, un poco grueso y con la barbilla erguida. Era evidente que poseía un profundo sentido teatral en la interpretación y la escenografía, que también había heredado de su pasado militar.

Había decidido ser un pintor impresionista y se comportaba como tal contra viento y marea. Desde el verano de 2002 se había especializado en la técnica puntillista, que tenía la ventaja de disimular su torpeza con el dibujo y evitar las pinceladas gruesas, a lo Van Gogh, que tanto le habían gustado al principio de su carrera. Ahora se sentía muy exquisito con la delicadeza de sus puntitos y notaba claramente que ya estaba maduro para una primera exposición. Era estrictamente metódico. A las 13horas 30minutos puntualmente, recogía todas sus cosas y las cargaba en un enorme y reluciente automóvil todo terreno que había dejado aparcado a diez metros de su lugar de trabajo. Una vez al volante de su lujoso automóvil, solía dejarse llevar por una marea de autosatisfacción. ¡Qué bien había enfocado su vida! ¡Qué contento se sentía! ¡Qué sano! ¡Qué bien le habían salido las cosas!

Había logrado ser uno de los generales más jóvenes de su generación en la escuela militar. Uno de los que sin haber combatido en la guerra civil —había nacido en el año 1925—había sido designado gobernador militar de una provincia. Franquista convencido, pero no fanático y siguiendo al propio generalísimo, nunca se había metido en política, lo que para él significaba no estar afiliado a ningún partido político. Sin embargo, nunca le tembló la mano cuando fue necesario aplicar la disciplina e instar consejos de guerra, ante los que sistemáticamente reclamaba la pena máxima. Era muy susceptible ante las ofensas de civiles contra el ejército y no dudaba en encausarlos ante la justicia militar por insultos a las fuerzas armadas. Los sospechosos siempre eran condenados con duras penas. Era un estricto partidario del ejército de leva y de la bondad que para los jóvenes suponía su paso por el cuartel. No soportaba los casos de rebeldía o insumisión. Aquellos que durante el servicio militar se negaban a obedecer sea por la razón que fuese, ideológica o religiosa, daba igual, merecían a sus ojos todo el desprecio del ejército y de la sociedad y pasar muchos años en la cárcel. Y si dependía de él, realmente los pasaban. El ejército era para él un ejemplo social de orden, de pulcritud, de justicia, de cooperación, de sana diversión, de disciplina, de escala de valores y de jerarquización. Siempre habría mandos y tropa. Los oficiales tenían que mandar y los demás a obedecer. Era el mismo caso de los ricos y los pobres: siempre había sido de esa manera y así continuaría. Y eso era bueno, sencillo y ordenado. No le gustaba la democracia, pero gracias a las películas norteamericanas entendió que también podía haber un ejército bello, poderoso y disciplinado compatible con las elecciones políticas.

Lo que no soportaba de ninguna manera era la objeción de conciencia y a los propios objetores. No los entendía. Le parecían como supuraciones. Se sentía ante ellos como hacía poco se había sentido ante una exposición de Marcel Duchamp: horrorizado. Maldijo el día en que se le ocurrió ir a semejante exposición. De la misma manera que esas obras del francés le parecían odiosas porque iban en contra de todo lo que le gustaba en arte —no eran bonitas, no se podían colgar en la pared, no se entendían, no transmitían ningún contenido elevado—, los objetores de conciencia le parecían como sus paralelos humanos. Los objetores estaban en contra del ejército y todo su significado de orden, perfección y belleza. Se negaban a recibir órdenes, no obedecían y además no eran violentos. Eran unos cobardes, traicioneros, afeminados y, además, la mayoría era muy feos, pequeños y escuálidos. A Marcel Duchamp no podía meterlo en una prisión militar, que es lo que se merecía, pero a los rebeldes o insumisos con los que se encontró en su vida militar no les dio respiro. Les hizo la vida imposible. Directamente o delegando sus instrucciones en los mandos intermedios los sometió a una auténtica persecución. Sobre todo a aquellos que objetaban una vez empezado el servicio militar. Una vez que los reclutas traspasaban la puerta del cuartel quedaba fuera de la jurisdicción civil y pasaban a la militar, con su propia justicia, en la que todo era absolutamente arbitrario y prácticamente secreto. Allí, los mandos militares eran los amos. Odiaba más a los objetores que a los terroristas. No era un odio del todo irracional. Intuía que a la larga, la insumisión no violenta de los objetores iría calando en la sociedad y daría sus frutos. Sin embargo a los terroristas, aunque representaban un peligro real para ciertos mandos, los entendía. «Los terroristas, en el fondo, son como yo», pensaba, «les gusta la violencia, odian y matan o intentan matar. Se imponen a los demás. Se sienten en guerra. Se esconden, son cobardes, pero los entiendo. Aunque si quieren venir a por mí, aquí estoy». Cuando pensaba esto, levantaba la tapa de la guantera y acariciaba una pistola nueva y reluciente, como todo lo que tenía. Nunca se había preocupado como muchos de sus compañeros por mirar en los bajos del automóvil antes de arrancar ni había solicitado una escolta personal. Su autosatisfacción le inmunizaba contra el miedo y contra la neurosis de inseguridad. Además, él era consciente de la utilización de la violencia y sabía que, en algún momento, esta violencia también podría volverse en su contra. Eran las reglas del juego militar. Las aceptaba con una especie de espíritu deportivo y no le asustaban nada. De hecho, se reía a la cara de aquellos compañeros que habían sucumbido al miedo y casi no se atrevían a salir de casa y vivían como en una prisión. El hacía lo que quería y se pasaba las horas pintando en la playa, a la vista de todo el mundo.

Al cabo de quince minutos llegó a su casa en las inmediaciones del pueblo de Comillas. Además del piso de la capital, tenía una gran casa, reluciente y de pésimo gusto al lado del mar. No había pagado nada por ella, simplemente era el resultado de una negociación con un promotor inmobiliario con muchos hijos varones que no querían ir al servicio militar. Era facilísimo alterar las listas. Prácticamente nadie se daba cuenta de los cambios. Y los pocos que lo sabían, preferían callar. Esa fue una de sus primeras transacciones. A partir de ahí, corrió la voz y pudo realizar pingües negocios, sobre todo en los pueblos, en los que la ausencia de un hijo varón podía ocasionar grandes trastornos económicos. No era avaro, ni excesivamente codicioso. Ajustaba sus demandas a lo que el solicitante podía pagar, sin exagerar. Prefería que corriera la voz de la facilidad de la exención del servicio militar a un precio razonable, que crearse enemigos. Al contrario. En todas aquellas poblaciones en las que había conseguido pequeñas fincas, casas antiguas o semiabandonadas, participaciones en negocios ganaderos o regalos en especie, era recibido como un amigo, como si realmente les hubiera hecho un favor de manera desinteresada. Encontraba esta reacción humana completamente normal y jamás se le había pasado por la cabeza que lo que hacía era pura y simple corrupción. En su mente se trataba nada más que de una de las ventajas de su cargo y de su posición y una manera de asegurarse una vejez digna. Sólo notaba alguna mirada torva en los más pobres, pero la achacaba a la envidia que provocaba su posición económica, su automóvil, su casa, su posición social, y el no tener el privilegio de disfrutar de su amistad.

Salieron a recibirlo al jardín Hipatia, la mulata dominicana que tenía viviendo en su casa y su perrita Wendy. Por supuesto, no estaba casado. Nunca lo había estado. Varias mujeres habían intentado casarse con él, pero nunca había aceptado. Era un esteta y las mujeres tenían que ser un objeto bello. Como todos los demás objetos de los que estaba rodeado. Cambiaba de mujer cada dos o tres años, como de automóvil y había encontrado un filón casi inagotable en la República Dominicana. Había probado con cubanas, pero eran demasiado cultas y demasiado independientes. Y no quería saber nada de las mujeres del Este de Europa. Le gustaban más las dominicanas que, según él, eran sumisas, primitivas y obedientes. No las engañaba, las elegía y les decía exactamente las condiciones: vivir con él como si fueran su mujer, cocinar y limpiar, satisfacerle en la cama y cuando él se cansara, recibirían una buena indemnización y no se volverían a ver. Si querían podían recibir el dinero mes a mes, pero con la condición indispensable de que no estuvieran con ningún hombre más. Mientras tanto, podían contar con él como si fueran un matrimonio: irían a ver a su familia en la isla, habría regalos para sus suegros... pero nada de niños. Si había alguno de una relación anterior, se quedaban con los abuelos. Al principio, sus amigos se habían extrañado de que no se casara, pero él les contestaba que no había que ser tan esclavo y que había que estar un poco por encima de las convenciones. Cuando lo pensaba, se sentía muy diferente a los demás hombres y muy artista. Pensaba lo fácil que era la vida para él y lo necios que eran todos los demás, tan ajetreados con sus míseras ocupaciones. Sólo había un problema con las dominicanas: no sabían cocinar y les costaba mucho aprender. Pero eso no tenía mucha importancia. Se hacía traer la comida de un buen restaurante y para la cena preparaban algo sencillo. Cuando las chicas se ponían muy nostálgicas, volvían juntos a la isla por unos días y él aprovechaba para ir buscando la siguiente mujer: como si estuviera en un concesionario de automóviles. Si descubría que le robaban o que salían con otros hombres las despedía inmediatamente sin indemnización, o avisaba a la policía para que las repatriasen. Hipatia se estaba portando bien. De momento, no la pensaba cambiar y parecía muy interesada por su pintura. Él sabía que todo era fingido, pero mentía muy bien y se sentía halagado.

—¿Cómo ha ido en la playa, Julio? —le preguntó mientras le besaba.

—Muy bien. Ya casi tengo el cuadro acabado. Dentro de poco la exposición estará lista. ¿Ha llegado mi hermana?

—Sí, te espera en la terraza. Ha llegado con un amigo.

—¿Qué? Eso no me lo esperaba .

—Me ha dicho que es el dueño de una galería de arte.

Su cara cambió inmediatamente. Sabía que su hermana estaba buscando una galería en la que exponer sus cuadros, pero tanta rapidez le había sorprendido. Se dirigió inmediatamente a la terraza.

—¡Hola Helena, ¿cómo estás?

—Muy bien, Julio. Mira, te presento a Fidel Blanchard, propietario de la galería de arte del Paseo de Pereda. Esa que me gusta tanto. ¿Te acuerdas?

—Sí, por supuesto, encantado de conocerle —alargó su mano para estrecharla y le apretó con fuerza, quizá con demasiada fuerza por la expresión que dejó entrever el galerista—. Ahora vengo de la playa, de trabajar. Lo tengo casi todo acabado. ¿Quieres ver mis cuadros ahora?

—Como quieras —contestó Fidel—. En general los artistas se mueren de ganas de enseñar su obra, pero al mismo tiempo les da mucho apuro proponerlo y se hacen de rogar, como si la idea no fuese suya, pero veo que este no es el caso.

—Yo no soy un artista normal, tampoco soy una persona normal, convencional, quiero decir —no le había gustado el galerista, con sus pantalones cortos y sus piernas delgadas, además, por el modo de hablar y los modales suaves lo encontraba afeminado. Sin embargo, en el fondo sabía que su opinión le afectaría y no deseaba retrasarla.

—Fidel es nieto de María Blanchard, la pintora cubista —dijo Helena.

—No me gusta el cubismo —afirmó con rotundidad Julio—. No me gusta nada del arte del siglo XX. A mí sólo me gusta el impresionismo. Pero si tu abuela se llamaba así tú no puedes ser Blanchard de primer apellido, ¿no?

Fidel pensó que todo iba a ser mucho más difícil de lo que se había imaginado. Intentó concentrarse en el dinero que podría sacar de esa exposición y decir pocas mentiras, porque realmente este era un caso especial. Nunca se había encontrado a un pintor tan grosero, prepotente y con un gusto tan horrible: ¡Vaya casa! Decidió no responder a la pregunta y aceptar la invitación de ver la obra.

Julio Valdecasas disponía de un estudio, pero su cuadros estaba repartidos por toda la casa ,cuidadosamente colocados con una lamparita que los iluminaba individualmente. Se había gastado mucho dinero en su instalación, porque todos tenían enormes marcos, muy barrocos, copias de los marcos de finales del siglo XIX. Ante cada uno de ellos, el autor se detenía y realizaba una prolija explicación de todos los detalles: qué había querido representar, en qué momento lo había realizado, qué técnica había utilizado... Como estaba acostumbrado a enseñar sus obras a personas que no sabían nada de arte, adoptó con el galerista el mismo tono didáctico que utilizaba con ellos y aprovechó para extenderse sobre el Impresionismo. Eso sí, como sus conocimientos de historia del arte eran muy limitados y su memoria floja, continuamente se equivocaba, pero, por la seguridad con la que hablaba parecía no importarle. Llegó un momento en el que Fidel no pudo más y después de la cuarta o quinta vez que confundió a Manet con Monet le corrigió: «'El almuerzo campestre' es de Manet y del año 1863, el mismo año de la 'Olimpia'. 'Impresión, sol naciente' fue pintado por Monet en 1872, pero se expuso en la primera exposición del Impresionismo en el estudio del fotógrafo Nadar en 1874. Por cierto, que fue robado en 1985».

Julio escuchó imperturbable y respondió: «Hablando de la 'Olimpia', podemos pasar a mi gabinete privado y te puedo enseñar mis retratos de Hipatia».

Fidel no sabía muy bien a qué se refería con eso del "gabinete", pero pronto lo supo. En la parte superior de la casa había una estancia desde la que se veía el mar. Las paredes estaban cubiertas de objetos militares: armas y uniformes y sobre una repisa, en un lugar destacado, había una gran fotografía en un marco dorado en la que se veía a Francisco Franco condecorando a un joven y orgulloso militar con el pecho muy erguido. Era una auténtica cámara de los horrores. Fidel miró con una mezcla de miedo y asombro a su alrededor y al cruzar la mirada con Helena ésta le dijo inmediatamente:

—Mi hermano fue uno de los generales más jóvenes de su generación.

—¿Y cómo empezó a pintar? —preguntó Fidel que ya no aguantaba de curiosidad.

—En parte es culpa mía —contestó Helena—. A mí siempre me ha gustado mucho el arte y la cultura y cuando mi hermano se jubiló le convencí para que viniera con nosotros a un viaje cultural a París… y aquí tenemos los resultados.

—¡Quién me lo iba a decir a mí que acabaría siendo pintor! Pero es cierto, aquel viaje me cambió la vida. Lo que no aguanto son los cursos de historia del arte. Soy orgullosamente autodidacta. Los profesores me parecen horribles. No conseguirás arrastrarme a ninguna clase, te lo prometo —le dijo a su hermana.

—Pues no te vendría mal, dados tus conocimientos sobre la materia. Lo que no soportas, querido, es que alguien te de lecciones sobre algo que no conoces.

Los paisajes que habían visto en la planta inferior eran flojos, pero los retratos de Hipatia desnuda no dejaban lugar a dudas sobre la incapacidad del autor. Lo malo de los retratos no era que fueran torpes, tanto en el dibujo como en el color, sino que eran muy pretenciosos y de un erotismo como de telenovela latinoamericana. La poses de la modelo, los ropajes, los decorados que había utilizado… todo en esas pinturas no recordaba en nada al impresionismo, sino más bien a la relamida pintura pompier del final de siglo francés contra la que el impresionismo luchaba.

La pregunta fatal no se hizo esperar. Fue Helena quien la formuló:

—Y bien Fidel, ¿qué te parece todo esto?

Ante la inanidad de cualquier tipo de crítica constructiva sobre la pintura que había visto. Ante la impermeabilidad que mostraba el exgeneral Julio Valdecasas ante cualquier comentario. Ante el descrédito que esos cromos pomposos suponían para la galería, Fidel se acordó del dinero, que le hacía mucha falta y decidió apostar fuerte.

—Si me permitís que sea franco (y se rio un poco mirando la foto), creo que la obra es perfectamente exponible, pero dada la lista de artistas que tengo en espera con las fechas comprometidas tendríamos que esperar entre seis y nueve meses como mínimo. Si queréis hacerlo antes podéis hablar con otro galerista. Os puedo dar nombres.

—Es mucho tiempo —interrumpió Julio. Y en el más puro estilo millonario agresivo se acercó a su escritorio, sacó un talonario y se dirigió al galerista— La exposición tendrá lugar la segunda quincena de octubre para que coincida con mi cumpleaños. Los cuadros son para exponer, no para vender. Si alguien quiere llevarse uno a casa, que hable conmigo, no quiero que comercies con ellos. Ya sé la tajada enorme que se sacan los galeristas a costa de los artistas. No necesito dinero. No soy como esos jovencitos muertos de hambre que exponen en tu galería. ¿Cuánto pides?

Fidel nunca había tratado con nadie así, ni dentro ni fuera del mundo artístico. Decidió pedir la cantidad más alta posible. Necesitaba el dinero, pero tratar con este hombre era un espanto:

—Cuatro mil euros la semana. Catálogo y publicidad aparte.

—Ya decía yo que los galeristas sois unos judíos. Mira, te voy a dar seis mil euros por las dos semanas, que debe ser el alquiler de medio año de tu galería y a callar. Pero quiero que escribas un texto en el que digas que mi pintura es cojonuda y que haya catálogo con fotos y rueda de prensa y publicidad por todas partes. Quiero entrar en la historia del arte de esta ciudad. Ya me entenderé yo con la agencia de publicidad que veo que tú no sabes regatear. ¿Estamos de acuerdo?

Fidel asintió y el ex general extendió un cheque por valor de tres mil euros, se lo dio al galerista y como si hablara con un niño le dijo que lo guardara bien, que no lo perdiera, que el segundo se lo daría cuando acabara todo, que no necesitaba ningún recibo y que ahora se fueran a comer, que la playa le había abierto el apetito.

II

Al día siguiente, Fidel Blanchard estaba en su galería y pensaba que efectivamente los seis mil euros le servirían no solo para pagar medio año, sino ocho meses de alquiler de su menguado negocio. La galería iba tan mal que había tenido que prescindir de la persona que se encargaba de atender al público y él tenía que pasar allí todas las horas que la galería permanecía abierta. Si no vendía algunas obras durante la temporada de verano que ahora empezaba, tendría que replantearse la continuidad del proyecto. Tanto espacio ocupaban en su mente sus dificultades que sólo en último lugar se acordó de los artistas a los que debía dinero por obras vendidas. Se tendrán que esperar que lleguen tiempos mejores, se dijo inmediatamente. No se sentía demasiado responsable de ellos, como si por el hecho de haber expuesto su obra ya tendrían que darse por pagados. Les pagaría, sí, el pagaba a todo el mundo, pero más adelante. Además, daba por sentado que como casi todas las personas en el mundo artístico tenían otras fuentes de ingresos económicos.

Tenía mucho tiempo y decidió empezar a redactar el calendario de exposiciones del curso siguiente. Cuando vio que su segunda exposición en octubre era la de Julio Valdecasas se sintió muy cansado e inseguro y dejó de trabajar porque entraron en la galería dos personas extranjeras con apariencia de turistas cultos y posibles compradores. Fidel se acercó a ellos para ofrecerles explicaciones sobre la obra expuesta. Les interesaba la obra gráfica y se detuvieron mucho tiempo en un gran atril en el que se podía contemplar el trabajo de numerosos artistas. A medida que iban pasando las carpetas Fidel les daba una breve explicación de las características de cada uno de ellos. En ese momento estaba hablando sobre un artista joven de esa misma ciudad, Fernando Aja, cuya obra se estaba empezando a valorar en todo el país. Se trataba de fotomontajes de mediano formato en los que el artista había elegido diversos edificios importantes y monumentos de la ciudad sobre los que proyectaba imágenes de carácter político o social que los convertían en pantallas y cambiaban el significado del edificio elegido. La obra gráfica servía, según explicó Fidel, para sufragar los gastos que ocasionaba el montaje de esas obras efímeras. Como el galerista se dio cuenta de que sus interlocutores sabían bastante de arte contemporáneo reconoció que se trataba de un trabajo próximo al de artistas como Wodiczsko, pero que al aplicarlo a un contexto local, tomaba una fuerza renovada. En efecto, las imágenes representaban diferentes monumentos locales, estatuas ecuestres, edificios de instituciones públicas, bancos, hospitales, en los que la imagen proyectada subrayaba algún aspecto de su significado con un propósito crítico. Así, por ejemplo, en la estatua ecuestre que representaba al antiguo dictador había superpuesto la imagen del esqueleto del general y el del caballo. La idea era sencilla, pero con mucha fuerza y con un sentido muy intenso de la necesidad de un arte crítico. Además, los trabajos gráficos no eran demasiado caros. La pareja de visitantes estaba realmente interesada y eligieron cuatro o cinco obras que extrajeron de la carpeta y depositaron aparte. En ese momento el propio Fernando Aja entró en la galería y Fidel tuvo que hacer un esfuerzo para ocultar su sobresalto. En un primer momento el galerista disimuló, pero el artista estaba asistiendo a la venta de algunas de sus obras y Fidel no pudo dejar de presentarlo. Empezaron a charlar y enseguida congeniaron. Se trataba de dos profesores de economía de la Universidad de Berlín que participaban en un curso de verano de la Universidad Internacional. Se mostraron muy interesados de conocer al joven artista y Fernando estaba exultante por su interés. Nunca, ningún profesor que no fuera de Bellas Artes, le había dicho nada sobre su obra. Incluso se ofreció a acompañarlos al banco para sacar dinero y poder pagar la obra gráfica, ya que no llevaban suficiente encima. Tan animada resultó la conversación que quedaron para continuarla por la noche.

Cuando los profesores se fueron y ellos se quedaron solos, el galerista le dijo que podía estar contento. No sólo había vendido algunas obras sino que además había hecho amigos en su galería. Sin embargo, Fernando no estaba para bromas.

—¡Fidel, por favor, no me trates como a un idiota! Hace tres años largos que eres mi galerista y durante los dos primeros todo ha ido bien, pero desde el último año la cosa ha cambiado. Todavía estoy esperando la última liquidación, desde hace diez meses no es que no me pagues, sino que no quieres ni verme. Estas completamente apático y no haces ningún esfuerzo de promoción. Ni siquiera vas a las ferias de arte como antes, ni persigues a los coleccionistas. No sé, si quieres puedo empezar a buscarme otro galerista, pero antes tendríamos que hacer la liquidación, porque veo que, aunque sea poco, mi obra se vende. Yo quiero dedicarme a esto, hasta ahora no me ha ido mal, pero desde que he cumplido los treinta me está empezando a entrar una cierta angustia que me tiene muy inquieto. Dentro de poco ya no se podrá decir de mi «artista joven», cosa de la que me alegro, pero no sé qué se dirá.

—No, no, no hables así. Te digo la verdad. Estoy pasando un mal momento. La venta que has visto hoy no significa nada. La cosa está muy mal. Estoy desanimado, es cierto. Pero tú no tienes ninguna culpa. Si no lo he hablado antes contigo es porque me desagradan mucho estas escenas. Me recuerdan a mis peleas amorosas. Sí, ya lo sé, lo tenemos que mantener todo en el ámbito profesional, pero no es tan fácil. Yo quiero hacer una labor cultural y crítica, como tú, aunque todo el mundo e incluso tus propios amigos solo ven en mi a alguien ávido de dinero. He tenido que prescindir de la secretaria. Ahora estoy yo aquí todas las horas y lo que es peor: tengo que aceptar exponer a gente que no me interesa nada. Sólo por sobrevivir. Mira en el mes de Octubre —y le dejó ver la pantalla de ordenador donde estaba trabajando— a quien tengo que ceder el espacio. Nada menos que a Julio Valdecasas, un horrible pintor de cromos impresionistas y un ser demencial.

—¿A Julio Valdecasas? Me suena el nombre a militar ¿no?

—¿Militar? Gobernador militar nada menos, y durante muchos años. Hasta 1975. Y ahora pintor horrible con horribles ganas de exponer. ¿Y sabes por qué he dicho que sí?

—¿Por el dinero?

—Efectivamente, no será por su interés estético, la verdad.

—Pues me imagino que la cantidad será enorme, porque si no, no lo entiendo. ¿Pero tú te das cuenta de lo que estás haciendo? —Fernando empezaba a sentirse un poco nervioso e indignado—. ¿Cómo podemos exponer en la misma galería dos personas tan diferentes como ese militar y yo? Yo hago una obra crítica, de implicación política y social, además es efímera, con soportes no tradicionales, somos completamente incompatibles. Y no sólo yo, la mayoría de artistas que trabajamos aquí estamos en esta línea. Además, hasta ahora, la galería tenía una línea, un sentido, un cierto prestigio. Hazme caso, dile a ese militar que se vaya a exponer a un restaurante, que estarán encantados de colgar sus pinturas y tú no hagas el ridículo, que esto nos afecta a todos, no sólo a ti.

—No puedo. No puedo.

—¿Por qué no puedes?

—Porque ya me ha pagado.

—Pues devuélvele su dinero. No tires todo el prestigio de la galería y el nuestro por la borda. Antes de hacer esa exposición yo cerraba.

—Me lo estoy pensando.

—Pero no puedes cerrar antes de hacer esa exposición porque ya tienes el dinero en la mano.

—Fernando, por favor, no sigas.

—Pues voy a seguir. Vaya final para tu galería: «Última exposición: Julio Valdecasas, con sus inenarrables juegos de luz y color». Por una vez tendrás a la prensa local de tu parte: «¡Por fin una exposición que se entiende en la galería Blanchard», no como todas las anteriores. ¿Cuánto te ha pagado ese militar?

—No te lo puedo decir y no te importa en absoluto.

—¿Por qué? Sí que me importa. Yo también tengo una carrera que defender. Quiero saberlo. ¿A cuánto asciende el plato de lentejas?

Fidel, con el rostro serio y crispado, como si hiciera esfuerzos por contener un agudo dolor, le miró y le contestó despacio.

—¿Quieres hacer el favor de callarte y marcharte, por favor? Estaba intentando trabajar.

Fernando se quedó cortado por la rotundidad de la respuesta y por la expresión en la cara del galerista. También empezó a sentirse ofendido.

—¿Me estás echando de tu galería? No creo que con todo lo que me debes estés en disposición de hacerlo. También pensaba que éramos amigos, además de tener un contrato firmado que, por cierto, no cumples. Lo único que intentaba decirte es que yo pensaba que compartíamos algunas ideas sobre lo que supone la práctica del arte y el trabajo cultural en la actualidad, sobre la relación entre el arte y la realidad, sobre el papel de las galerías y todas esas cosas. Pero ninguna de ellas pasa por exponer los cromos horribles de un militar retirado. ¿Tan rápido te has olvidado de lo que hemos hablado tantas veces?

—No pasa nada, no dramatices, te pones pesadísimo. No me he olvidado de nada. Sólo necesito que haya un poco más de movimiento económico. Nada más.

—Bien, de acuerdo, no te molesto más, no quiero ser pesado, aunque esta mañana mi presencia ha incrementado tus ventas ¿no?

Fernando salió de la galería, pero se sentía maltratado y pensó que no sería mala idea intentar dar una vuelta de tuerca más a la relación que le unía a esa galería. Sentía que las cosas no le fueran bien a su galerista, pero no podía ser que empezara a exponer el tipo de obra que se avecinaba en octubre porque eso afectaba a todos los demás artistas que trabajaban allí. Parecía imposible detener la exposición del exmilitar pintor. Una posibilidad era romper radicalmente y de forma unilateral con la galería, pero eso implicaría la ausencia total de cualquier tipo de liquidación. Otra posibilidad consistía en ponerse de acuerdo con los demás artistas e intentar que Fidel entrara en razón. Sí, quizá esa fuera la opción más razonable.

Pasó el verano y el "movimiento económico" de la galería, como le gustaba denominarlo a Fidel, no fue ni demasiado malo ni demasiado bueno con lo que a finales de agosto todas sus dudas sobre la viabilidad del proyecto continuaban incólumes. Además, desde mediados de mes, las llamadas de Julio Valdecasas eran continuas para preguntarle cómo iba la redacción del texto del catálogo, cuando iría el fotógrafo a su casa, qué orden de la obra consideraba más adecuado. Le martirizaba con sus órdenes y con una incontinencia creativa que se había desatado desde que fijaron la fecha de la exposición. En la portada del catálogo quería una foto suya pintando el mar desde la playa.

Fidel intentaba defenderse de los sentimientos de depresión y culpabilidad que le provocaba la situación con una visión de todo el proceso como si se tratara de un esperpento, de una especie de apoteosis del mal gusto, de la estética kitsch. Sin embargo, este consuelo era efímero. Todo era verdad. El exmilitar se pensaba que era un buen pintor. Nunca había conocido a nadie con semejante autocomplacencia a prueba de bomba… tan absolutamente impermeable a las críticas y tan grosero y prepotente. La autosatisfacción que rezumaba el exmilitar Julio Valdecasas era ofensiva y patética para cualquier observador, digna de estudio psicológico, ya que no se basaba en una falta total de inteligencia. Simplemente, él se sentía superior y encontraba un gusto morboso en provocar a los demás y en sentirse distinto, aunque esa diferencia se tradujera en un aislamiento casi total. Sólo oía lo que quería oír y sólo veía lo que le interesaba. Evidentemente, quería leer y, por supuesto, corregir el texto sobre su obra antes de que se publicara y eso era un problema porque los pocos conocimientos que tenía sobre historia del arte hacían imposible cualquier diálogo. Después de varias discusiones llegaron a la conclusión final que lo mejor era que en lugar de texto hubiera una entrevista. Así Julio Valdecasas se aseguraba de que el galerista no dijera ninguna tontería.

Fidel se sintió aliviado pero le duró poco la tranquilidad porque a mediados de agosto recibió a una delegación de sus artistas encabezada por Fernando en la que le reclamaban que anulara la exposición del exmilitar. Fue muy desagradable, porque artistas de diferentes tendencias se habían unido en el objetivo común (cosa realmente excepcional) de pedirle que recapacitara su determinación. Él les aseguró que compartía muchas de sus ideas pero que era imposible parar el proceso que ya se había iniciado, que era una única exposición, que eso no cambiaría la línea de la galería y que, además, necesitaba el dinero. A partir de ahí, no ofreció ningún razonamiento más. Cuando ellos insistieron apeló a la autoridad del propietario y les recordó que su galería era suya, que no era una cooperativa, que no había tenido ninguna queja de sus clientes coleccionistas y que las decisiones las tomaba él. No se hable más.

III

El proceso de preparación de la exposición fue un calvario para Fidel. A la prepotencia del pseudo artista había que sumar su ignorancia de todo lo que tuviera que ver con la labor de comisariado. Cuando se enteró que se denominaba comisario a la persona que seleccionaba la obra, definía un discurso y proponía un tratamiento específico del espacio expositivo dijo que él era mucho más que un comisario porque era militar. Y que él mismo se encargaría de todo. Evidentemente, también quería un catálogo lujoso con la amplia entrevista que tuvo que realizar el propietario de la galería. Por otro lado, siempre planeaba sobre la exposición la posibilidad de un boicot de los artistas ofendidos ante el pasado del militar y el giro mercantil que la galería estaba tomando. El exmilitar siempre había tenido hacia su propia producción "artística" una actitud de distancia, como si practicara un deporte, pero ahora ante los preparativos de la exposición, la selección de las obras, el catálogo, la inauguración empezó a utilizar toda una serie de categorías estéticas improvisadas y auténticos clichés que empezaron a calar en su interior. Las ideas de belleza, de armonía, de perfección técnica, incluso la idea de sublime y el concepto de genio empezaron a hervir en su mente como nunca antes le había pasado. Miraba sus propias pinturas de otro modo y empezó a sentirse artista "de verdad", de aquellos que tienen algo que decir, no un pintor aficionado sino un artista que se toma su obra en serio. Era curioso, porque, cuando Fidel se dio cuenta de este proceso, pensó que el propio exmilitar desarrollaría un poco de sentido crítico ante una obra tan floja como la suya. Y que, incluso, a lo mejor, decidía suspender la exposición. Cosa que sería una maravilla para él. No le devolvería el dinero y conservaría algo del poco prestigio profesional que todavía le quedaba. Sin embargo, a pesar que el vocabulario del pseudoartista se enriquecía con nuevas palabras, su sentido autocrítico siguió brillando por su ausencia.

Llegó el día de la inauguración. Todo estaba preparado y Fidel sentía una gran vergüenza ajena que le afectó un poco la salud. Fernando no le saludaba, de momento, pero estaba seguro que no estaba tramando nada en contra de la galería, más allá de hablar mal de él o de la próxima exposición. En los últimos dos o tres días sí que había notado a Julio Valdecasas un poco más callado y pálido que lo que era habitual en él. En realidad, para sorpresa del propio pseudoartista, todos los nuevos conceptos que había aprendido se habían vuelto en su contra y, por primera vez en su vida, la sombra de una duda empezaba a minar su granítica seguridad. ¿Realmente su obra era interesante? ¿Qué sentido tenía exponerla? ¿Era un acto puramente vanidoso? Y otra duda, que tampoco había tenido nunca lo empezó a atormentar de manera constante: «¿Haré el ridículo?». De repente los artistas e intelectuales, a los que siempre había despreciado por izquierdistas, desnutridos y fracasados, se le presentaron bajo un nuevo aspecto ya que con su exposición entraría en su terreno. Un terreno que desconocía y en el que se sentía inseguro. Reconoció por primera vez en su vida una vulnerabilidad con la nunca había contado. En efecto, estuvo a punto de anular la exposición. O como mínimo, de anular el acto de la inauguración. Por otro lado, todo estaba preparado, las invitaciones enviadas, las obras colgadas de las paredes, el catálogo editado, incluso habría una rueda de prensa. Por primera vez en su vida, el gran Julio Valdecasas estaba asustado. Anular la exposición era de cobardes y por ahí sí que no pasaba. Si todo estaba preparado llegaría hasta el final.

El día de la inauguración prefirió vestirse de manera muy discreta y estaba muy serio, un poco cohibido. Lo que estaba era aterrorizado. Por primera vez, se sentía desnudo ante la gente, sin la posibilidad de ejercer ningún poder efectivo sobre ellos. Era una sensación que no le gustaba nada. Pese a todo, decidió ir pronto a la galería, intentando animarse con todas las frases hechas que pudo encontrar en su mente (de mojados al río, coger el toro por los cuernos, la fortuna favorece a los audaces…), aunque le sirvieron de poco consuelo. Para su sorpresa, la galería ya estaba llena a esa hora tan temprana. No conocía a nadie. Ninguno de sus invitados había llegado todavía. Era gente joven con ese aspecto izquierdista desaliñado que él tanto despreciaba y que no lo reconocieron cuando entró. Buscó con la mirada a Fidel, pero tampoco lo encontró. Después de dejar todo preparado se había retirado a descansar un momento. Pensó darse la vuelta, salir y volver más tarde, pero algo le detuvo. Se dio cuenta de que estaban hablando de sus pinturas y decidió escuchar en silencio para entender lo que decían. Lo que oyó no le gustó nada. Básicamente se reían de sus obras. Las encontraban desfasadas, ampulosas, falsas, superficiales, prescindibles, feas, irrisorias, producidas por algún patético y ridículo aficionado sin la ingenuidad naïve que les podría dar algún valor… pura basura. Estas personas no sólo hacían una crítica feroz, sino que también parecían estar un poco ofendidas ante lo que veían. No le hubiese extrañado que arrancaran de la pared alguna de las pinturas y las hubieran tirado por los suelos. El recuerdo de la incomprensión de las primeras exposiciones impresionistas en el siglo XIX no fue suficiente para que se sintiera totalmente derrotado y avergonzado. No dijo nada. Siguió oyendo el torrente de improperios con estoicismo, con una especie de fascinación estupefacta. Notó que alguien le saludaba. Era el ayudante que Fidel había contratado para el montaje de la exposición. Le dijo que lo sentía mucho, pero que se sentía fatal, que le disculpara ante todo el mundo pero que tenía que irse inmediatamente, que estaba a punto de desmayarse. Se fue su casa y descolgó el teléfono. No quería hablar con nadie. Abrió el mueble bar y empezó a beber.

Después del desastre de la inauguración no pudo dormir bien y muy pronto por la mañana sintió la necesidad de darse un baño. No había nadie en la playa y todavía no habían llegado los socorristas. Las olas eran altas, pero no parecía que hubiera resaca. Le gustaba el mar, pero tenía un cierto miedo instintivo al agua. Decidió entrar, empezó a nadar. Cerró los ojos un momento y de repente chocó contra algo blando. Vio un ojo gigante que le observa impasible y unos enormes tentáculos que empezaron a rodearle el cuerpo. Sintió terror y gritó. Empezó a tragar agua y a toser. Era como una pesadilla, pero era verdad. Se revolvió con fuerza. Había poca profundidad y tocó con los pies el fondo. Saltó y nadó hacia la orilla, intentando apartar de su cuerpo esos tentáculos que sin embargo, no oponían resistencia. Siguió tragando agua a pesar de que ya estaba cerca de la orilla. Por fin consiguió salir del agua y se tumbó en la arena húmeda, tosiendo, vomitando, temblando de miedo. Miró hacia el mar y, en ese momento, una ola un poco más grande que las demás, depositó cerca de él un bulto alargado del tamaño de una persona con unos tentáculos larguísimos que todavía estaban dentro del mar. Cuando la tos se hubo calmado y había controlado un poco los temblores se acercó y volvió a ver ese ojo enorme y monstruoso que le miraba entre la espuma. Volvió a sentir miedo. No ya el miedo cerval de la inseguridad física y de la muerte inminente, sino que intuyó un extraño paralelismo entre él y ese monstruo que venía del fondo del mar a morir en su playa y que le seguía mirando con ese ojo fijo e inquisitivo. A partir de ese momento, el miedo, la angustia y la duda se instalaron en su mente y por más esfuerzos que hizo, por más psiquiatras que visitó y medicamentos que probó jamás pudo liberarse de la sensación de terror que esa experiencia le provocó. La visión del gran ojo sin párpado le perseguía. A pesar de que le explicaron una y otra vez que se trataba de un hecho perfectamente normal, que otras veces había ocurrido que el cadáver de un calamar gigante llegara a las playas de aquella zona, y que, simplemente, había tenido la mala suerte de encontrarse con el cefalópodo mientras flotaba justo antes de ser arrastrado a la playa, nunca volvió a ser el mismo.

Despidió a Hipatia y no buscó ninguna mujer más. Aquella autosatisfacción tan intensa que siempre había sentido le abandonó por completo y dejó su lugar a una especie de vacío, como si le hubiera extirpado una parte fundamental de su personalidad. Cerró la casa de Comillas y dijo que no la pisaría nunca más. Le entraron ganas de tirar las llaves al mar, pero se las dio a su hermana, para que fuera por allí y mantuviera la casa. Dejó de pintar, se encerró en su piso de la ciudad y se convirtió en un anciano, solitario y lúgubre.

1 de mayo de 1968

Un extraño grupo de hombres y mujeres avanzaba por el paseo de Reina Victoria en dirección al centro de la ciudad. No llamaban mucho la atención ni por el número ni por el tipo de personas que lo integraban. Sin embargo, era evidente por la forma de caminar (decidida) y por la expresión de sus caras (tensa) que no eran paseantes. Ninguno de ellos se entretenía en contemplar el espléndido espectáculo de la bahía en marea baja ni tampoco en valorar la arquitectura del Hotel Real en los dominios geográficos de la familia Botín, banqueros propietarios de los mejores terrenos y de las mejores vistas. Tampoco prestaron mucha atención al monumento (un gran bloque de piedra oscura sin elementos iconográficos con unas cuantas frases grabadas) dedicado a las tropas italianas y navarras que al mando de los generales Bastico y Dávila habían ocupado la ciudad treinta años antes, en agosto de 1937. Sin embargo, uno de los miembros del grupo sí que se fijó y esa mezcla de fascistas y requetés carlistas le hizo estremecer no porque nunca lo hubiera pensado, sino por lo que iban a hacer dentro de un momento, cuando llegaran al centro de la ciudad.

—Creo que ya sé cuál es el origen intelectual del exterminio al que nos sometieron los franquistas —dijo en voz alta a la compañera que tenía a su lado.

La mujer se sorprendió.

—,Qué dices de exterminio?

—El exterminio franquista sobre los republicanos.

—¿Tenemos que hablar de eso ahora? Los profesores de historia sois un poco especiales sacando temas de conversación, precisamente ahora, ¿no?

Clara Gándara miró a su compañero Mario y, por su palidez y sus gestos, no pudo no darse cuenta de hasta qué punto estaba aterrorizado y cómo los nervios le hacían hablar.

Mario era de su misma estatura; es decir, bajo para ser un hombre, tímido y sin novia, profesor de izquierdas oculto en un instituto público. Clara se sintió con el deber de animarlo. Le tomó por el brazo y le pidió que se lo explicara.

—A ver, dime —el hecho de sentir que Clara le tomara del brazo le hizo cambiar la cara y le desató la lengua.

—Los dirigentes franquistas tenían la profunda convicción que los trabajadores, campesinos e izquierdistas en general eran una especia de raza inferior que tenía que ser domada con una violencia salvaje para exterminar de raíz cualquier idea de democracia, de igualdad, de justicia. La iglesia católica bendijo el exterminio, lo apoyó con todas sus fuerzas y los falangistas lo ejecutaron. De hecho, lo siguen ejecutando ahora.

—Vaya, Mario, te veo muy animado.

—Déjame seguir un poco. Los militares franquistas, todos africanistas, aplicaron siempre una represión que era la exacta prolongación de la mentalidad colonial militar. No se luchaba contra seres humanos como ellos, sino contra seres inferiores, medio animales, que había que exterminar. Si se daba el caso que el enemigo fuera un catedrático de universidad de ideas republicanas, era una encarnación del maligno y tenía que ser exterminado igual.

Tanto exterminio empezaba a molestar a Clara.

—Bueno Mario, suficiente. Estamos en 1968, no en la posguerra. Franco está cada día más decrépito. No le queda mucho tiempo. Las huelgas de los mineros de Asturias han sido un éxito, sin demasiada violencia. Las cosas están cambiando. Hoy no creo que pase nada grave. Cada vez hay más grupos que luchan por la democracia y los derechos humanos.

—Será la primera vez que se haga una manifestación en conmemoración del Primero de Mayo desde los tiempos de la República. ¿La policía se va a quedar tan tranquila? ¿Los franquistas, es decir, toda la derecha y sus jefes, se van a quedar tan tranquilos? No nos van a hacer nada? ¿No ves cómo nos están siguiendo policías de paisano todo el tiempo? Además, nosotros, la HOAC [Hermandad Obrera de Acción Católica] venimos de esa misma iglesia que legitima a los franquistas…

—Pero las cosas están cambiando: mira cuantos somos y dentro de la iglesia también están cambiando las cosas...

Miraron hacia atrás. Una pequeña pero compacta columna de unas cincuenta personas avanzaba a buen paso. Todos ellos venían de reunirse en los Pinares del Sardinero, al aire libre. Allí habían debatido sobre los principales temas que les interesaban: la sanidad, las relaciones laborales, la democracia... A Clara Gándara le había tocado hablar de la educación pública, de las condiciones reales de profesores y estudiantes, de la necesidad de tener una escuela de calidad, pública, laica, creativa, que eliminara los castigos físicos y el autoritarismo franquista, mixta y moderna, que hiciera realidad la igualdad de oportunidades ante la hegemonía de las escuelas religiosas y privadas...

Mientras deliberaban, veían claramente el grupo de agentes de la policía secreta de la Brigada Político-Social que les estaban observando mezclados entre las personas que asistían al acto. Sin embargo, eso no les impedía seguir hablando, sin miedo, como si la policía no los escuchara directamente. Cuando acabaron las preguntas y las respuestas después de las intervenciones de los ponentes, los policías se reunieron detrás de la Iglesia de San Roque y se fueron. Todo el grupo de los asistentes aprovechó para ponerse en marcha. La convocatoria era a las 12h en el edificio de Correos y tenían más de media hora de camino para llegar hasta allí. Optaron por tomar el camino más largo para ir hasta el centro de la ciudad, como una abierta demostración de sus intenciones. Precisamente, el edificio de Correos y los jardines adyacentes era una de las zonas que habían elegido los franquistas para hacer desfilar a sus tropas cuando tomaron la ciudad.

—Mario, te veo muy pesimista. Venga vamos, por qué no cantamos algo.

—¿Uno de nuestros himnos tremendos?

—Sí, adelante, a cantar: «Que un perro aguante Hoac, Hoac, de buen talante, Hoac, Hoac, cuarenta puuuulgas es natural, Hoac, Hoac. Mas si le ponen cuatro millones, el pobre perro acabará mal, Hoac, Hoac... A ver qué pasa cuando la masa haya dejado de trabajar, Hoac, Hoac».

A Clara le pareció que esa canción entonada por varios compañeros le alegraba un poco el semblante a Mario. Aunque pudiera parecer increíble ella no sentía miedo. O no el mismo miedo que Mario. Eran muchos, serían más en el lugar de encuentro. La verdad y la justicia de sus principios democráticos no podían ser rebatidas. Simplemente querían gritarlo a los cuatro vientos: que cambiaran las cosas, que acabara la represión, que hubiera reformas. Sabían que luchaban contra una dictadura fascista, pero estaba desgastada. Desde Europa y por muchas ciudades del Estado se extendían los hilos de cobre de la protesta, de la contestación al régimen, de la impugnación de lo existente, de la solidaridad. El fin del franquismo estaba cerca. Había que empujar y empujar para hacerlo caer. Sus métodos eran no violentos, no querían ni por lo más remoto, hacer daño a nadie. No eran muchos, era cierto, pero serían más. Los militantes del partido comunista clandestino también estarían presentes en la manifestación. Aunque no les gustasen a algunos, eran los únicos militantes de izquierda en Santander con los que se podía contar para organizar algunas acciones. Sin embargo, los militantes comunistas lo tenían mucho más difícil que ellos por la abrumadora represión que tenían que soportar: palizas, torturas, juicios sumarísimos, multas, cárcel. En cambio, los militantes de la HOAC, al estar bajo la protección tácita del Obispado, no eran tratados con tanta saña, a pesar de ser sospechosos y de estar siendo investigados exhaustivamente, uno por uno.

Mario decidió permanecer en silencio después de la canción. Había dejado de ver a los policías de paisano y eso le tranquilizó un poco.

La consigna era llegar hasta el edificio de correos, ir a los jardines colindantes y a las 12h en punto cogerse todos de los brazos y aguantar unos minutos. Ni siquiera iban a parar el tráfico. Era perfectamente consciente de la violencia de la policía, de su carácter asesino, pero, por un momento, Mario pensó que como en Santander había muy poco movimiento de protesta, ninguna manifestación no autorizada, tanta "paz social"... quizás la represión de la manifestación no fuese demasiado dura. Estaba muerto de miedo, pero el brazo de Clara y la canción le habían animado un poco. En cabeza del grupo veía a otros hombres, todos amigos o conocidos de las reuniones y los encuentros, y los veía altos, atractivos que él y muy decididos. No como él. Sintió un poco de vergüenza por su miedo y por sus dudas. Otra compañera le cogió del otro brazo —María José Cuesta— y le preguntó cómo se encontraba. Sintió más vergüenza todavía porque era evidente que varias compañeras le estaban reconfortando al mismo tiempo y lo habían hablado entre ellas...

—Mario, no te preocupes. No pasará nada grave y estamos haciendo un poco de historia. Estamos celebrando el Primero de Mayo, día de los trabajadores, es nuestro día. Hace treinta años que no se celebra.

—Gracias, María José, sí, tienes razón, estamos haciendo un poco de historia aunque seamos muy pocos en esta historia.

Mario pensó que esas compañeras tan agradables que le reconfortaban tenían la suerte de ser mujeres, que la policía se ensañaría con los hombres, que ellas se quedarían en un segundo plano, que se librarían de los golpes de porra y de los gases.

En esos momentos, ya llegaban a la altura de Puerto Chico, al lado de la rampa en la que las pescaderas recogían el pescado de los barcos para venderlo ellas mismas. Al otro lado del puerto pesquero estaba el Club Marítimo, un bonito edifico de los años veinte construido con pilares sobre el mar y unido al muelle por un pequeño puente. No le prestaron ninguna atención porque como en algunos de los edificios anteriores por los que habían pasado (el Hotel Real, el Club de Tenis o el mismo Club Marítimo) nunca habían entrado si no era para trabajar. Eran espacios exclusivos de la clase alta santanderina, toda franquista por acción u omisión, y muy orgullosa de su exclusividad en sus clubs y edificios no aptos para pobres o semipobres. Eran los edificios que representaban su poder total sobre la ciudad. Allí era donde se conectaba la íntima relación entre la política falangista, los negocios bancarios, comerciales, industriales, urbanísticos y los cargos políticos del ayuntamiento y la diputación provincial. Allí era donde se repartían los cargos y prebendas en un círculo cerrado de intereses económicos y políticos que les enriquecía enormemente. Un círculo cerrado de corrupción, caciquismo y violencia mafiosa que repartía cargos políticos y negocios empresariales con la bendición del régimen. El resultado era que unas pocas familias dirigían y se beneficiaban de todo el movimiento económico de la ciudad.

Por eso, lo que estaba pasando era tan importante: por primera vez en treinta años, desde los tiempos de la República destruida y machacada por los mismos que se reunían en el Club Marítimo o en el Club de Tenis, la clase trabajadora, los subalternos, los sin voz se manifestaban, salían a la luz. Aquellos a los que los miembros de estos selectos clubs sólo veían tomando vinos por la calle Peña herbosa, o trabajando de camareros o de limpiadoras en esos mismos clubs, o de maestros en escuelas públicas que nunca habían pisado, o en pequeños comercios en los que nunca habían comprado nada, se atrevían a salir a la calle a reivindicar sus derechos. Se atrevían a protestar contra la dictadura.

En la espléndida terraza del Club Marítimo, el gobernador civil de la provincia, con un excelente vino blanco de Rueda en la mano, se giró en su asiento, miró hacia el muelle, comprobó la hora (11:35), e identificó al grupo de manifestantes que se dirigía hacia el edificio de Correos. Le parecieron muy pocos.

—Rojos, pensó, allí van los rojos. Son muy pocos, pero más que hace unos años. Se les van a quitar las ganas de manifestarse para mucho tiempo.

Y no le dio más importancia. Ya se encargaría de ellos el comisario de policía Solar, que para eso estaba y tenía instrucciones precisas. También pensó que le gustaría ver desde un balcón cómo la policía cargaba si los manifestantes se atrevían a no disolverse, como si fuera un espectáculo, una corrida de toros. Pero le venció la abulia al sadismo y como esa mañana de mayo estaba tan bien en la terraza del Club Marítimo, contemplando el mar de la bahía y además esperando la llegada de una amiga para comer juntos y luego comérsela a ella de postre, decidió no moverse.

—Espero que el inútil de Solar sepa hacer las cosas —pensó.

No tenía muy buen concepto del comisario Solar y el propio policía lo sabía. Le parecía chapucero, amargado, inepto, pero también servil y a su manera, efectivo.

En la comisaría de policía, justo enfrente del edificio de Correos, el ambiente era un poco tenso. El comisario Solar estaba de muy mal humor esa mañana. Cada vez tenía más trabajo. Ser el jefe de la Brigada Político-Social de Santander le había parecido una canonjía al principio, pero cada mes que pasaba se le acumulaban las acciones pendientes y eso no le gustaba nada. No había nacido para trabajar demasiado. Además, esa misma mañana, su mujer le había contestado mal al decirle que le planchaba fatal las camisas y había tenido que darle dos bofetadas. Se había ido a su cuarto a llorar y él se había quedado solo con su camisa arrugada. Ella no quería salir de la habitación a pesar que aporreó la puerta con mucha fuerza. Tenía prisa y decidió, como otras veces, coger la plancha y planchar sólo la parte de delante de la camisa, sólo la parte que pudiera verse con la americana puesta. Ni las mangas, ni la espalda, planchar sólo la parte de adelante y el cuello. Estaba nervioso y al comprobar si la plancha estaba caliente se quemó un dedo de la mano izquierda. Juró a gritos que cuando volviera a ver a su mujer le arrancaría la cabeza. Cada vez, cada día, la veía más respondona y descarada.

Solar tenía una profunda envidia del gobernador. Envidia de su estilo de vida, de su éxito con las mujeres, de su sueldo y su posición en el Movimiento. Era un pez gordo y él sólo un despreciable y obediente servidor encargado de resolver todos los problemas. Compartían el odio a los rojos, eso sí, aunque desde posiciones muy distintas. Sin embargo, por encima de su envidia al gobernador y las bofetadas a su mujer, últimamente sobrevolaba encima suyo una preocupación que amenazaba con volverse más grande. De las Provincias Vascongadas llegaban informaciones secretas muy perturbadoras. Parecía que habían sido interceptadas comunicaciones entre militantes rojo/separatistas que indicaban un giro hacia acciones armadas. Todavía no habían encontrado armas, pero las indicaciones apuntaban en ese sentido. Y estaba preocupado porque si los rojos/separatistas vascos se armaban y se convertían en terroristas... ¿a quién atacarían primero? Era evidente que atacarían a los policías y sobre todo a aquellos policías más identificados con la represión y la tortura, es decir, los más leales al régimen y los más efectivos. Allí eran más duros y difíciles de controlar. Allí no eran como estos manifestantes de las 12h en Santander, católicos no violentos, desnutridos y muertos de hambre, ilusos desgraciados a los que había que quitar las ganas de volver a manifestarse por muchos años, como decía el gobernador. «Si son católicos que se vayan a misa y dejen de joder con manifestaciones. Les daremos un escarmiento y ya está». La posibilidad que estos manifestantes se radicalizaran era impensable. Que se produjera algún episodio de lucha armada en Santander le parecía un imposible.

Solar subestimó desde su ineptitud y chulería el número de manifestantes y su determinación y había preparado un dispositivo policial muy reducido e ineficiente para dispersar a los manifestantes y evitar que formaran grupos que realmente condujera a una concentración.

A las 11:45 empezó a haber movimiento de personas alrededor del edificio de Correos. Pequeños grupos avanzaban por el paseo de Pereda y estaban a punto de llegar al edificio de Correos. Tenían pancartas enrolladas con lemas a favor del Primero de Mayo. Parte de la gente que pasaba por la calle se paró sorprendida. Mario pudo observar dos tipos de movimientos entre la gente: algunos miraban con creciente hostilidad, mientras que otras personas, con mucha discreción avanzaban y se acercaban a ellos. Y no eran sólo tres o cuatro. Unas veinte o treinta personas salieron a su encuentro para unirse a ellos. Personas que Mario nunca había visto y que tenían la valentía de unirse a una manifestación ilegal que sería reprimida con toda seguridad. Mario estaba aterrorizado y emocionado a partes iguales.

Era una bonita y fresca mañana de mayo, sin lluvia, con un ligero viento del nordeste que despejaba el cielo y refrescaba las mentes, pero Mario sudaba. Tenía las manos húmedas y el corazón desbocado.

Los primeros movimientos fueron rápidos. Entre el grupo que había llegado y los que se estaban añadiendo alcanzarían las ciento veinte personas. Clara Gándara se fijó en que algunos de sus conocidos que supuestamente formaban parte de la izquierda más intelectual, y que incluso habían asistido a las reuniones de preparación de la concentración, en lugar de añadirse al grupo principal se habían sentado en las escaleras del edificio de Correos y tenían la actitud de permanecer allí todo el tiempo como meros espectadores.

Rápidamente, se desplegaron las dos pancartas: «¡Viva el primero de Mayo!» y «¡Trabajadores uníos!». Los manifestantes ocupaban una plaza dentro del parque público. No entorpecían la circulación de automóviles. El lugar había sido cuidadosamente elegido. El edificio de Correos era un lugar de cita habitual. Al lado estaba el solemne y neoclásico palacio del Banco de España. Enfrente se situaban las dependencias del Gobierno Civil y la comisaría de policía adyacente. A cien metros de distancia las enormes oficinas del Banco de Santander formaban una especie de arco de triunfo entre sus dos edificios y dominaban el espacio urbano. Un poco más allá estaba la maciza y románica Catedral. Todos los poderes económicos, políticos y celestiales eran testigos de lo que estaba a punto de pasar.

La amante del gobernador entró en ese momento en la terraza del Club Marítimo. Era joven, muy guapa, discreta y elegante. Una prostituta de lujo de las de más clase que el gobernador hubiera visto nunca. Había conseguido quitársela a uno de los herederos del imperio del Banco de Santander y eso le hacía sentirse mucho mejor. Se levantó para recibirla y admirar su figura. La besó en las dos mejillas y se sentaron a disfrutar del aperitivo. El gobernador falangista, madrileño, de cincuenta años mal llevados, iletrado, gordo y feo pensó que le iba muy bien en Santander y que tardaría mucho en hacer venir a su familia desde la capital.

Al leer los mensajes de las pancartas una buena parte de los paseantes que se había detenido empezó a insultar a los concentrados al grito de «¡comunistas fuera!», pero lo más impresionante fue cuando comenzaron a azuzar a la policía con el grito de «¡A por ellos!, ¡a por ellos!», entonado a voz en grito.

Solar estaba muy nervioso. Todo le salía mal. No contaba con ese número de manifestantes ni con la rapidez con la que se habían agrupado ni con la decisión con la que habían desplegado las pancartas. Precisamente eso era lo que no quería, que llegara a producirse: la concentración. Y allí la tenía, con sus pancartas y un centenar largo de rojos asquerosos cogidos por el brazo desafiándole delante de toda la ciudad. «Se van a enterar», pensó. Hizo colocar a su reducido pelotón de antidisturbios ante los manifestantes. No eran más de quince policías blandiendo sus porras. Con un megáfono conminó a disolverse a los concentrados en tres minutos si no querían sufrir las consecuencias. Tres minutos.

Cesaron los gritos del «¡A por ellos!». Ya estaba claro que la policía iba a intervenir si los manifestantes no se marchaban inmediatamente. Tres minutos pueden ser muchos minutos si lo que se espera es una carga de la policía franquista y peor si son pocos los policías, porque suelen estar más nerviosos y ser más violentos. Mario miró a su alrededor. En un brazo tenía a Clara y en otro a María José. Más bien ellas lo tenían a él dado su estado. Se sentía bien acompañado porque, en su vida de soltero sin novia ni relaciones de ningún tipo con las mujeres, esas dos compañeras le atraían mucho. Algunos amigos le habían invitado a visitar los burdeles de la calle San Pedro y de la Cuesta del Hospital, pero su timidez y sus principios morales se lo impedían: visitar a las prostitutas era colaborar con el esclavismo de esas mujeres que tendrían que ser liberadas, no usadas. Miró a sus compañeros. Miró alrededor, a los edificios de esa ciudad que era la suya desde hacía años, desde que ganó las oposiciones, y que le encantaba, sobre todo cuando se acordaba del pequeño pueblo en el que había nacido (San Pedro de Rudagüera) y comparaba los dos lugares. Se acordó un poco de su madre. Y, de hecho, se despidió de la vida. Inconscientemente, pero lo hizo.

Se acabó el tiempo. Los tres minutos habían volado. Los concentrados lejos de dispersarse decidieron sentarse y aguantar la embestida. Justo en ese momento ocurrió algo increíble. Como en los sueños que había tenido muchas veces, Mario sintió que se levantaba del suelo, que se soltaba de los brazos de sus compañeras y levitaba sobre la concentración y podía ver perfectamente todo lo que estaba pasando debajo suyo. Lo más sorprendente es que se veía perfectamente a sí mismo sentado en el suelo con todos los demás, envuelto en un extraño silencio. Pero su punto de vista era cenital, vertical. No veía con los ojos

de su propio cuerpo allá abajo sino con otros que le sobrevola-
ban a baja altura. De repente, se produjo un destello. No pudo
oír el ruido de la explosión porque no oía nada. Solo veía. Y lo
que vio fue cómo el mismo comisario Solar con la escopeta de
cartuchos de gases lacrimógenos en las manos había disparado
directamente a la cara de los compañeros sentados y precisamente él, Mario, había recibido en pleno rostro el disparo. Fue el
inicio de la carga. Algunos, pocos, salieron corriendo. La mayoría aguantó la embestida sentados en el suelo. Desde su posición
privilegiada, Mario pudo verse a sí mismo desmayado, envuelto
en una nube de gas y empezando a sangrar por las heridas de la
cara. Sin embargo, ninguna de las dos mujeres lo había abandonado y trataban de reanimarlo en medio de lágrimas, toses
y la confusión de la carga. El pelotón de policías anfetamínicos,
repartiendo golpes de forma histérica, les pasó por encima como
un rodillo, como una ola rota y cuando llegaron al centro de la
concentración desplegaron su máxima violencia. Formaron un
círculo del que era muy difícil salir y continuaron aporreando
con todas sus fuerzas a los que tenían debajo, que se defendían
únicamente cubriéndose la cabeza con los brazos y las manos.
Golpeaban rápido y de forma vehemente, con los ojos entre-
cerrados, todos a la vez. No buscaban las piernas ni los brazos.
Apuntaban directamente a las cabezas con sus porras de caucho
y con el alma de hierro. La orden era, primero, machacar y, luego,
disolver la concentración arrastrando los cuerpos hasta la comisaría si era necesario. Ante el estallido del primer bote de gases,
los que gritaban «¡A por ellos!» se marcharon rápidamente. Olía
mal. Los rojos comunistas ya estaban recibiendo su merecido.
Otras personas, sin embargo, estaban quietas horrorizadas por
la violencia de la escena y comenzaban a pedir a la policía que
dejara de pegar a esa gente indefensa.

Mario, en su desdoblamiento, pudo ver cómo los policías se
ensañaban con los que, pese a todo, no se querían levantar, cómo
golpeaban con la insistencia de alguien que quisiera clavar una
estaca en el suelo y no pudiera ante la dureza y resistencia de la
superficie. Vio cómo se protegían precariamente el cuerpo apre-
tándose unos con otros, cómo encogían los hombros ante la lluvia

de golpes, cómo caían al suelo las gafas, las lágrimas, la saliva, los pequeños objetos que llevaban en las chaquetas y en los bolsillos, cómo resistían de una forma increíble un castigo tan duro en medio de la nube de gas. Se fijó en los uniformes grises de los policías, en las caras de sadismo en unos y de terror en otros, en los correajes brillantes, en las fundas de las pistolas con las tapas levantadas por si la cosa se complicaba demasiado. Pensó que desde su altura podría coger una de esas pistolas, encañonar a los policías y detener la brutal paliza que estaban recibiendo sus compañeros y él mismo. Lo intentó, pero no pudo: su peculiar y angélico estado sólo le permitía observar, no participar. Se tenía que conformar con levitar entre las nubes de gases lacrimógenos, cerca del suelo, sobre las porras que subían y bajaban un poco a cámara lenta sobre las cabezas y los cuerpos de sus compañeros. La sensación de asombro era menos fuerte que la indignación y la rabia y el odio que le provocaba la actuación policial salvaje contra manifestantes pacíficos. Sin embargo, el miedo terrible, sudoroso, paralizante que había tenido antes había desaparecido de su cuerpo, ya no lo sentía.

De repente pararon los golpes como si los policías se hubieran convencido de su inutilidad o ineficiencia o como si se detuvieran para respirar y seguir un poco más tarde. No todos los policías obedecieron la orden al mismo tiempo. Varios siguieron golpeando mientras el resto se dedicaba a arrastrar los cuerpos hacia la cercana comisaría. A pesar de estar cerca no era tarea fácil, porque había que atravesar las aceras y la calzada y llegar al edificio de enfrente.

Solar seguía vociferando por el megáfono la orden de dispersarse y había sacado de su cartuchera la pistola reglamentaria y la llevaba bien alta, para que todo el mundo la pudiera ver. En ese momento, sólo unas veinte personas resistían amontonadas en el suelo mientras los policías les tiraban de las piernas para intentar arrastrarlos. La consigna de la manifestación había sido la de aguantar cinco minutos sentados en el suelo y ya llevaban más de veinte minutos desde el inicio de la carga. Estaba siendo un éxito total. En ese momento, Mario volvió a ver por sus propios ojos. De hecho sólo por un ojo ya que el otro estaba herido y lleno de sangre. También empezó a moverse y a balbucear alguna palabra ante la alegría de Clara y María José, que casi le habían dado por muerto. Se produjo un desplazamiento general hacia la comisaría ya que el grupo central, empujado y arrastrado por los policías, empezaba a moverse. Los que se levantaban tambaleándose, increíblemente, podían caminar. Incluso Mario se pudo levantar del suelo y ayudado por sus compañeras empezó a caminar. Clara miró a su alrededor y vio a uno de sus amigos pretendidamente de izquierdas escondido detrás de las columnas del edificio de Correos, temeroso al parecer que una bala perdida pudiera alcanzarle.

Con la intención de detenerlos, los policías empujaban hacia la comisaría al grupo central de la concentración, los que más habían resistido, los que habían cumplido a rajatabla con la consigna de resistir sentados cinco minutos. Al llegar al edificio, al que se accedía por los soportales de la Plaza Porticada, María José fue consciente de hasta qué punto Mario necesitaba atención médica. Ya no tosía de manera convulsiva pero las heridas de su cara sangraban y tenía el rostro ennegrecido. Solar vociferaba y a golpes de culata también empujaba al grupo. Había dejado el megáfono para poder empujar mejor y uno de los golpes fue a dar en la espalda de María José que se volvió sorprendida por el dolor. Al volverse, por efecto de la proximidad y del alzar, y girar el brazo para protegerse la cara, su codo chocó con las gafas del comisario que cayeron al suelo. Solar guardó la pistola y con una expresión de absoluto odio la cogió por el pelo y le estampó la cabeza contra la pared varias veces con toda su fuerza mientras la insultaba y le daba patadas. Mario, que estaba a su lado, se tiró encima del comisario para detener la paliza, pero éste le apartó de una patada. Arrastrada por el pelo, María José fue la primera en entrar en la comisaría seguida por el resto de compañeros. No volvería a pisar la calle hasta seis meses después, cuando acabó de cumplir la condena en la cárcel por "agresión" a un policía. Para su desgracia, se convirtió en el chivo expiatorio de la manifestación ya que el resto de los compañeros salieron ese mismo día, deformados por los hematomas, fichados, multados y mareados por el dolor de los golpes, pero libres. Clara ayudó a Mario a levantarse y avanzaron hacia la puerta de comisaría, pero después de la detención del grupo principal no vieron más policías detrás suyo y, como si no quisieran detener a nadie más, los policías se habían retirado. Mario necesitaba ayuda urgente. Junto con otro compañero intentaron coger un taxi que los llevara al hospital. Había una parada allí mismo, pero los taxistas se negaron a dejarles subir a los automóviles porque les habían reconocido como participantes en la concentración, cosa que no era muy difícil de deducir por el olor que desprendían. Tuvieron que echar a andar hasta que llegaron a un dispensario en el que le hicieron las primeras curas. Las heridas en la cara y el pecho eran profundas pero no graves. A la enfermera que les atendió le preocupó mucho más el estado del ojo afectado por el impacto del bote de gases y les aseguró que perdería parte de la visión si llegaba a recuperarse. De momento, le cubrieron el ojo y parte de la cara con un aparatoso parche de vendas y esparadrapo. Al final de la cura tenía la mayor parte de la cabeza y media cara cubierta de vendas.

El compañero que fue con ellos se llamaba Carlos y tuvo la idea de llevar a Mario a un estudio fotográfico para que le retrataran en ese estado y así lo hicieron. Luego volvieron a pasar por la puerta de comisaría donde había un gran grupo de personas esperando que salieran los detenidos. No había noticias de María José. Desde la puerta, los policías de guardia vieron los vendajes de Mario y dijeron a gritos y entre risas que más les valía a todos marcharse si no querían acabar igual.

Sólo eran las 14h. Todo había pasado en dos horas. Dentro de comisaría Solar había bajado personalmente a María José a uno de los calabozos más sucios y mugrientos y después de abofetearla e insultarla —«puta roja de los cojones… que no sirves ni para que te follen»— la había tirado contra el catre donde quedó semiinconsciente por el torbellino de violencia desatado sobre ella.

Clara se fijó en la parte visible de la cara de Mario y la vio muy pálida. Seguro que estaba agotado, pero no decía nada. Había soportado estoicamente las curas y la sesión de fotografía sin un solo quejido y ahora estaba allí, aguantando. Clara decidió llevárselo a su casa, pese a lo preocupada que estaba por María José, pero le tranquilizó ver que sus amigos esperarían en la puerta de comisaría hasta tener noticias suyas. Ya habían avisado a los abogados que solían defenderles en casos así y estaban a punto de llegar. Durante todo el camino Mario estuvo callado y subió despacio las cuestas que llevaban a casa de Carla y las escaleras de las tres plantas que había que ascender hasta llegar a su piso. Una vez allí se sentó en el sofá, muy formal, con cuidado, sin desmoronarse, como si tuviera miedo de manchar algo. El olor a gas que desprendía era muy fuerte. Clara le miró y pensó que lo mejor sería quitarle la ropa y lavarla para intentar disipar el olor. Le preguntó si quería ducharse y Mario dijo que sí y con mucho cuidado empezó a quitarle la ropa.

—Me ha pasado una cosa extraña…

—¿Sólo una? —contestó Clara con ironía.

Mario sonrió y dijo que por un momento había visto la concentración desde arriba.

—¿Desde arriba?

—Sí, por encima de las cabezas, entre las nubes de gas.

—¿Como una paloma? —bromeó Clara.

—Como un ángel, más bien.

—Mario, que estemos en la HOAC y seamos buenas personas no nos va a convertir en ángeles que salgan volando.

—Es igual, no tiene importancia.

Con movimientos seguros, como de enfermera, Clara iba desvistiendo a Mario. Cuando le quitó la camiseta la blancura de su piel le hizo comentar que no debía gustarle mucho la playa. Mario intentó desabrocharse el cinturón pero las manos le temblaban. Con cuatro estirones certeros Clara le quitó los pantalones. Mario pensó que era la primera vez que lo desnudaba una mujer desde que era un niño. Estaba muy avergonzado pero dejaba hacer. Se dirigió a la ducha en calzoncillos ayudado por Clara que le sentó en la bañera, abrió el grifo y esperó un poco hasta que se calentara el agua. Le preguntó si siempre se duchaba con los calzoncillos puestos. Mario contestó que no y se los quitó poco a poco, con mucha discreción y dificultad mientras permanecía sentado. Después de enjabonarlo, Clara lo dejó solo. Pudo aclarar la espuma de su cuerpo y muy despacio salió de la bañera y se envolvió en una toalla limpia. Clara ya había puesto a lavar toda su ropa. Lo condujo a un dormitorio, abrió la cama y lo ayudó a entrar. Lo arropó.

—¿Te duele mucho el ojo y la cara?

—Un poco, no demasiado. Estoy cansado.

—Bien, descansa. Apago la luz y bajo la persiana.

—¡Carla!

—Dime

—¿Hemos ganado hoy? ¿Sirve para algo tanto dolor?¿Cambiarán las cosas?

Carla dejó su tono irónico y se puso seria.

—La policía nos ha machacado, sí. Hay detenciones. Parte de la gente que pasaba nos ha insultado. Los taxistas no han querido llevarnos... Pero sí, hemos cumplido nuestro objetivo. Hemos celebrado el Primero de Mayo. Hemos aguantado la embestida. Cada vez somos más. No sé cuándo, pero Franco y el franquismo caerán, sin duda. Tenemos que seguir. Hacemos lo correcto en esta época que nos ha tocado vivir. Tenemos miedo, pero lo superamos, y superar el miedo nos da libertad y tenemos el orgullo de participar con todos los demás en una causa justa y buena.

La respiración de Mario indicaba que estaba a punto de dormirse.

—Sí, Clara, gracias... ¿Qué le pasará a María José?

—No lo sé, Mario, duerme, de momento, duerme.

En ese mismo momento el gobernador había acabado su largo aperitivo en el Club Marítimo. Junto a su acompañante de pago había abandonado la terraza y estaban ahora instalados en un reservado. De hecho, era un despacho con vistas al mar reconvertido en reservado para satisfacer los deseos del todopoderoso gobernador, que ni tenía barco, ni sabía navegar, ni era socio de la entidad. El reservado tenía baño propio lo que era una ventaja para sus frecuentes visitas, aquejado, como estaba, de una prematura y muy molesta inflamación de próstata que le provocaba problemas de erección y continuas ganas de orinar, incluso cuando estaba orinando. La mesa ya estaba preparada con toda la comida y la bebida, de tal manera que los camareros no tuvieran que entrar si no eran llamados. Inmediatamente, se sentó en una butaca de espaldas al mar y contempló la figura de Olga, como se hacía llamar su acompañante. Era realmente guapa y bajo ningún concepto parecía una prostituta. Más bien, por el color claro de su pelo, sus ojos verdes, su cara redondeada y su juventud parecía una de las hijas de la burguesía local. Sólo en sus expresiones y en la forma de hablar, pese a mostrarse muy hábil en la conversación, se notaba su falta de educación.

Le ordenó que se desnudara, allí mismo, en ese instante, con toda la luz que venía del mar llenando la habitación. Ella le pidió que por lo menos corriera las cortinas. El no hizo el menor caso. Olga empezó a desnudarse despacio y se ruborizó cuando se quitó la falda y la camisa. Iba dejando caer la ropa en el suelo, sin cuidado. Cuando estuvo desnuda completamente el gobernador le pidió que se tumbara en el sofá cama que ocupaba buena parte del reservado. Acto seguido eligió de entre la comida colocada en la mesa un plato de anchoas de la máxima calidad. Con los dedos índice y pulgar fue cogiendo las anchoas y al grito de «delicias del Cantábrico» las fue colocando por diversas partes del cuerpo desnudo. Entre anchoa y anchoa le introducía los dedos en la boca para que se los limpiara. Olga pensaba que todo el aceite estaba resbalando por su cuerpo y cayendo en el sofá y que las manchas no podrían ser limpiadas nunca del todo. El gobernador empezó a comerse las anchoas a grandes bocados y aprovechando para morder con fuerza el cuerpo de la mujer. Cuando llegó al vello púbico y a la vulva los mordiscos se acentuaron y Olga no pudo reprimir un gripo de dolor.

—Ya sé que te gusta. Te pago y encima disfrutas.

El gobernador sintió una pequeña tensión en la entrepierna y le dijo:

—Rápido, a trabajar.

Se desabrochó el pantalón. Se sentó en la butaca. Se quitó los calzoncillos y colocó a Olga entre las piernas. Ella hizo todo lo que pudo pero fue imposible. Al gobernador le encantaba la visión superior que tenía, pero la cosa no progresaba pese a los esfuerzos de la mujer. Al cabo de diez minutos, el gobernador se cansó. Le dijo a gritos que era una inútil y la apartó de un tremendo bofetón que la hizo caer de lado en el suelo. La fuerza y la sorpresa del golpe la cogieron desprevenida y a pesar de su sangre fría no pudo evitar que se le saltaran las lágrimas. Se quedó en el suelo mientras él se levantó para ir al lavabo. Al volver, todavía estaba allí. Le ordenó que dejara de llorar, que se callara y que se levantase y sentara en la mesa tal y como estaba, desnuda y llena de aceite. Olga obedeció y se secó las lágrimas con una servilleta muy fina de hilo escocés.

—Cuando acabemos de comer el chófer te llevará donde quieras. Yo tengo que pasar por la comisaría. Ha habido una manifestación de rojos asquerosos y tengo que ir a ver cómo ha acabado la cosa.

Olga había decidido no hablar ni comer, pero el gobernador insistió en que no se moviera de la mesa mientras comía. Todo estaba a su gusto. Cuando acabó ella pidió permiso para ir al lavabo a asearse y él accedió. Recogió su ropa del suelo, se duchó rápidamente y salió del baño.

—Te puedes ir, el chófer te pagará. Ya te volveré a llamar. Que te lleve donde quieras yo prefiero ir andando. Cuando salgas dile al camarero que entre.

El gobernador extendió la mano como si fuera un obispo y quisiera que le besara el anillo. Olga lo entendió rápido. Besó uno de los anillos más grandes que tenía en sus dedos regordetes y salió del reservado en silencio.

El camarero ya sabía lo que tenía que hacer y entró con un café, una copa de Anís del Mono y un puro habano. Tomó el café y la copa despacio, saboreándolos, contemplando el mar. Dejó el puro para más tarde. Pensó que al final tendría que ir a un urólogo y encontrar una prostituta más hábil que ésta. Pero, a pesar de la falta de tensión de su miembro viril (que ya había previsto), se sintió reconfortado por el acierto de toda la organización de la comida. Salió a la calle entre las reverencias del servicio y los socios del club que le reconocieron. Pasó el pequeño puente que conectaba el edificio con el muelle. Encendió el puro con mucho donaire y se pudo a pasear al borde de la bahía en dirección a la comisaría. Una tarde perfecta para pasear. Tiempo bueno y fresco de primavera adelantada. Antes de llegar a Santander le habían comentado que era un aburrimiento total de lluvia constante y vida provinciana. Pero él se lo estaba pasando muy bien. Atravesó los Jardines de Pereda y al acercarse a la comisaría ya notó un cierto rumor de personas de voces de las personas concentradas ante la puerta. Pasó de largo y accedió a la comisaría directamente desde sus oficinas. Llamó a Solar, que todavía no había comido y le pidió información. Tenían doce hombres detenidos por manifestación ilegal y a una mujer por agresión. Ya tenían hecha la ficha de todos ellos excepto la de la mujer, que estaba en un calabozo medio desmayada. El gobernador preguntó quién había sido el agredido.

—Yo mismo señor.

El gobernador le miró con cierta sorna y le contestó que no veía muchas marcas en su cara.

—¿Doce hombres detenidos y la única persona que os ha agredido es una mujer?

—Me tiró las gafas al suelo, señor.

—Bueno… vamos a ver todo esto.

Pasaron por la fila de detenidos que habían sido fichados y bajaron las escaleras hasta los calabozos. Uno de los policías abrió la puerta. El calabozo era infecto y maloliente. En el catre yacía un cuerpo que se movía espasmódicamente, como en sueños. El gobernador entró. Al ver a la mujer les dijo a todos que se apartaran y salieran al pasillo. Se acercó al catre y levantó la cabeza a la persona acostada. Notó que tenía bastante sangre en el pelo. Preguntó a gritos qué había pasado. Repitió la pregunta. Oyó un balbuceo, pero no entendió nada. Básicamente, lo que oía era un largo «no está claro…» repetido varias veces. Súbitamente, sintió deseos de orinar. En el calabozo había una sucísima placa turca que hacía las veces de inodoro. El gobernador se acercó a la placa y se detuvo al darse cuenta que se mancharía los zapatos. Pero la ganas de orinar aumentaron. Pensó, por qué no... Esto nunca lo he hecho... a lo mejor... Se desabrochó el pantalón, se acercó al catre y orinó sobre el cuerpo de la mujer. Sintió un escalofrío de excitación.

Rápidamente llamó a gritos a Solar y a los otros policías. Salió del calabozo y le dijo que era un inútil y un pedazo de marica que sólo pegaba a las mujeres y que llamara a un médico inmediatamente para atender a esa mujer y que eso ya lo tenían que haber hecho. Y que parecía mentira que hubieran sido incapaces de impedir una concentración de cuatro muertos de hambre. Y que los iba a expedientar a todos a ver si le traían profesionales de verdad y no esta pandilla de aficionados de mierda.

—Sí señor. Contestaron todos en posición de firmes.

Transición

I

Es el invierno de 1974, en pleno estado de excepción. Sábado por la mañana. A las 12h en punto suena el timbre de la puerta del piso de Clara Gándara. Su hija mayor abre la puerta y se encuentra a dos hombres desconocidos, grandes y oscuros que preguntan por su madre. Va a avisarla un poco asustada mientras sus hermanos juegan en su habitación. Su madre sale a la puerta a ver qué quieren estos hombres. Son policías. Tienen una orden de detención. Se la quieren llevar en ese mismo momento. Clara tiene puesto el delantal porque estaba preparando la comida. Su marido no está en casa. Eso ya lo saben los policías porque controlan las entradas y salidas desde un apartamento alquilado en el edificio de enfrente, al otro lado de la calle. Más que susto o miedo lo que siente Clara es indignación.

—¿Se puede saber por qué quieren detenerme?

—Cumplimos órdenes. No podemos decirlo.

Los policías estaban serios pero tranquilos. No tenían previsto ningún tipo de resistencia ni de problema con la detención.

—Tengo que hacer una llamada y recoger algunas cosas.

Inmediatamente Clara vuelve a la cocina, apaga los fuegos en los que está cocinando y sin quitarse el delantal coge el teléfono y marca el número de su hermana, que vive cerca, para que baje un momento a estar con los cuatro niños hasta que su marido vuelva. Su hermana dice que sí y sólo tarda tres minutos en llegar. Mientras tanto, ya ha llenado una bolsa con las prendas de ropa más imprescindibles. No sabe cuánto tiempo puede estar detenida ni de qué la pueden acusar. Conoce la lógica de la Brigada Político-Social y sus métodos para asustar, perseguir y amedrentar a cualquier opositor al Régimen franquista. Tampoco es la primera vez que la detienen y sabe que no pueden tener contra ella ninguna acusación grave. También sabe que son capaces de inventar cualquier cosa que les parezca oportuna para acusarla. En esos momentos ella está dando los pasos necesarios para dejar atrás la organización católica HOAC y pasar a militar en un partido revolucionario y evidentemente clandestino, la ORT [Organización Revolucionaria de Trabajadores]. En el País Vasco hay lucha armada y, desde el atentado contra Carrero Blanco, los últimos coletazos del franquismo son histéricamente violentos a pesar de tener asegurada la continuidad del régimen en el sucesor a la jefatura del Estado: Juan Carlos de Borbón. Sin embargo, el descontento con el franquismo es tan grande, hay tantísima gente conectada en organizaciones políticas tan diversas, que la esperanza de un cambio radical, de una ruptura revolucionaria con el poder está más viva que nunca.

Cuando Clara va a ponerse el abrigo se da cuenta de que todavía lleva el delantal puesto. Por un momento, duda si dejárselo puesto como señal de protesta. Decide quitárselo al ver que los policías empiezan a impacientarse. Su hermana ya está allí. Da un beso a los niños y sale del piso. No han descendido ni una planta cuando baja corriendo detrás uno de los hijos con un libro en la mano y se lo da. El libro que ha visto que estaba leyendo estos días y no se ha llevado. Un libro de tapas rojas. Su hija mayor, que tiene once años va a llorar al baño y no quiere salir.

Cuando llegan a comisaría, la hacen pasar directamente a una habitación cerrada, pequeña, cargada con el humo de cigarros puros y cigarrillos. Dos hombres están allí. Reconoce a uno de ellos de apellido Cuervo. Un ex seminarista reconvertido en policía de la Brigada Político-Social especializado en interrogatorios. No es de los más violentos, pero sí el más sibilino. Las declaraciones que arranca a los presos pesan como una losa después durante el juicio.

—¿No te da vergüenza, no te da vergüenza? —empieza Cuervo.

Silencio.

—¿No te da vergüenza? He dicho, ¡contéstame!

Silencio.

A una señal de Cuervo, el agente que tenía al lado deja en la mesa los papeles y el puro, se levanta y con la mano abierta da un tremendo bofetón en el lado izquierdo de la cabeza de Clara, entre el oído y la sien. Lo hizo de manera rutinaria. Sin emplear toda su fuerza. Pero casi logra que Clara caiga de su silla. Siente mucho dolor pero sobre todo rabia y se le saltan las lágrimas.

—Repito —insiste Cuervo—, ¿no te da vergüenza?

—¿Qué me tiene que dar vergüenza?

—Así me gusta... que contestes cuando te lo ordeno. Pues qué va a ser. Todo lo que haces. Dejar abandonados a tus hijos de esta manera, como hoy, por ejemplo.

—No los he dejado. He sido detenida.

—Los has abandonado, Clara, los has abandonado y a tu marido también. No te da vergüenza que hagas ir a la policía a tu casa para detenerte y dejar allí a tus hijos, a tus cuatro hijos: Sol, Ernesto, Ricardo y Emilia... ¿la mayor? Esos niños tan aplicados que sacan buenas notas en el colegio. ¿Qué van a pensar de ti? ¿Qué va a pensar tu marido? Un trabajador eficiente y honrado en una entidad bancaria. ¿Qué va a pensar? ¿Qué piensa ahora?

—Mi marido está de acuerdo con lo que hago.

Está un poco extrañada del giro tan personal del interrogatorio. Lo de las calificaciones de sus hijos le ha impresionado, por las evidentes molestias que se han tomado de ir a preguntar al centro en el que estudian. También le da rabia que no le hayan dicho nada desde el colegio, pero era obvio que Don Nemesio, el director, habría colaborado encantado con la policía. Le duele el oído y la perla de su pendiente se le ha incrustado en la piel.

—¿Tu marido está de acuerdo con lo que haces? ¿Y que recibas a hombres en tu casa cuando él no está también le parece bien? Muchos hombres van a tu casa. Muchos. Y le hizo una lista de los hombres que habían ido a su casa en las últimas dos semanas. Los días, las horas, los nombres y apellidos de todos ellos y las veces que habían repetido las visitas. Todos los datos eran ciertos. De hecho, su casa se había convertido en una especie de centro de reunión informal y permanente de todo tipo de amigos y simpatizantes de la izquierda: sacerdotes obreros jóvenes que le explicaban sus dudas y deseos, miembros de la HOAC, de la ORT, de la asociación de padres del colegio que se acababa de formar, de la asociación de vecinos del barrio...

—Incluso hay uno, José María Broch, que ha ido... ¡tres veces! Clara no entiende por qué destapa sus cartas tan rápidamente y le demuestra la vigilancia tan estrecha a que la están sometiendo.

—¿Te acuestas con ese Broch. ¿Te paga para que te acuestes con él? O lo haces por gusto? Contesta. Me parece a mí que con las ideas que tienes no te será difícil prostituirte. El aspecto de no romper un plato que tienes no significa nada... ¡Contesta!

—¡No!, ¡evidentemente que no!

Clara piensa que mientras el interrogatorio siga este camino no hay mucho que temer. El hecho de que la riñan y la insulten no le afecta casi nada. Pero no puede no pensar con enfado que a cualquiera de sus compañeros detenidos no les insistirían para nada con esas monsergas morales. Cuervo parece creer que a fuerza de violencia y de miedo podrá reconvertirla de nuevo en buena esposa y madre.

Cuervo insiste en que es una mala madre egoísta, una mala esposa infiel y una ramera muy activa. Pero, de pronto, habla directamente de política.

—Además, ahora te quieres meter a la ORT... Vaya mierda, si tú ni siquiera trabajas. Una organización de sacerdotes renegados y obreros tarados. Una organización marxista-leninista-pensamiento Mao Tse Tung. Revolución significa violencia... ¿Tú qué sabrás de todo esto? Si no tienes ni idea de nada... Si nunca has estudiado...

Clara piensa con ironía en el criptocomunismo y en el contubernio judeomasónico y le parece que los policías están cambiando el lenguaje. Le preocupa la alusión a la violencia. Eso puede ser peligroso. Aunque es imposible que tengan nada en su contra en ese sentido. ¿A dónde quieren llegar?

—Sabemos que el día 18 de este mes, a las 11 de la mañana, José María Abinagoitiz Aguirre subió a tu casa.

—No es cierto.

—Tenemos testigos

En ese momento, Clara sí se preocupa. Es evidente por donde iba la estrategia de Cuervo: relacionarla con la lucha armada del País Vasco. Pero, obviamente, si tuviera la más mínima prueba o sospecha de esa relación, su situación sería muy diferente y no estaría allí. Estaría en Madrid.

—No conozco a esa persona —insiste.

—¿No conoces a tus clientes?

Este hombre está completamente enfermo. Piensa Clara. Obsesión sexual total es lo que tiene.

—No mientas. Lo conoces

—En absoluto.

Con otro gesto el policía callado se levanta. Clara se tapa la cabeza con las manos, pero el policía le da una patada a la pata de la silla, que sale disparada. Clara cae al suelo sentada. Separa las manos y el policía aprovecha para darle otro bofetón, más fuerte, en el mismo lugar. Recoge la silla, levanta a Clara sin esfuerzo con una sola mano, tirando de su brazo, y la sienta de nuevo.

—Para que lo sepas, continuó Cuervo, una de tus vecinas nos ha dicho que vio a ese individuo entrar en tu casa. Piénsalo un poco, te vamos a dejar en una habitación para que pienses un poco y luego continuaremos.

La habitación a la que la llevan no tiene muebles, ni una silla, nada excepto una ventana cerrada con una gruesa reja metálica que daba a la calle porque permitía oír los ruidos exteriores. Clara se sienta en el suelo con la espalda contra la pared y las manos en la cabeza dolorida. De la nariz y el oído le cae un poco de sangre. Está furiosa y aturdida. Más indignada que aterrorizada. Se había preguntado muchas veces a sí misma si resistiría una sesión de tortura. Siempre se había contestado que no. Que llegado el momento se derrumbaría y firmaría lo que le pusieran delante. Sabe que se podían denunciar las torturas ante el juez, aunque no sirve de mucho ya que casi nunca las investigan. También está sorprendida por las obsesiones de Cuervo: su misoginia, su insistencia en acusarla de prostituta y de mala madre antes que de subversiva, roja o terrorista. Además, Cuervo sabe perfectamente que esas acusaciones no se sostienen. Como tampoco se aguanta de ninguna manera la burda treta de que conocía a esa persona vasca. Un intento de relacionarla con la lucha armada del País Vasco sólo para asustarla.

Entre los ruidos de la calle que alcanza a oír empieza a escuchar un sonido diferente. No ha prestado mucha atención pero ahora era más insistente y sobresale sobre el rumor del tráfico de los automóviles. Es un silbido, el silbido característico de su marido. No hubiera pensado que lo escucharía en estas circunstancias pero la emociona profundamente. Se levanta y se acerca a la ventana que era imposible de abrir. Agarra con los dedos la reja metálica, que no cede ni un milímetro. Se aguanta como puede las ganas de llorar hasta que no puede más y se deja ir en un llanto largo, silencioso y muy incómodo porque no tiene con qué secarse las lágrimas. Se saca de la cintura el extremo de la camiseta, lo estira y se seca un poco la cara. No quiere que la vean así los policías y se recompuso enseguida. Al cabo de un momento, oye la voz de dos o tres personas que gritan en la calle «¡Clara libertad!». Duran poco los gritos, pero los ha podido oír nítidamente. Sabía que no estaba sola antes de entrar en comisaría, pero, ahora, esos gritos de solidaridad la conmueven profundamente.

Pasan varias horas y nadie le dice nada. Aporrea la puerta y grita que necesitaba ir al baño. No le hacen el menor caso. Oye muchos pasos y voces indignadas. Discuten entre ellos. No puede aguantar más y orina justó debajo de la puerta para que el orín llegue al pasillo y forme un charco imposible de no ver. El siguiente policía que pasa no puede evitar pisarlo. Lanza un juramento, da una patada en la puerta y le dice a gritos que es una guarra y que lo va a recoger todo con la lengua. Clara se acurruca en el ángulo de la habitación opuesto al de la puerta con las manos firmes en la cabeza, esperando el ataque. La puerta no se abre. Al cabo de una media hora, oye los sonidos y las voces de una mujer de la limpieza a la que un policía le indica dónde está el charco que debe limpiar. La mujer pide que le abran la puerta para limpiar también dentro. Le dicen que no. Sin embargo, a Clara le parece que está tardando más de lo necesario en limpiar el suelo y decide arriesgarse. Tampoco tiene nada que perder. Con los nudillos, toca en la puerta y llama a la limpiadora, que se acerca un poco.

—Escuche. Soy Clara Gándara, le pido un favor. Si cuando salga hay gente fuera preguntando por mí, dígales que estoy bien. Dígaselo, por favor.

No obtiene respuesta alguna. Pasan dos o tres horas más. No ha comido ni bebido nada desde que la fueron a detener en la mañana. Ya empieza a oscurecer. Clara se siente muy cansada. De repente, oye unos pasos muy decididos por el pasillo y la puerta se abre de golpe. Aparece un policía diferente de los que la habían interrogado.

—Levántese. Váyase de aquí —le espeta y desaparece.

La puerta está abierta. Clara no entiende nada, pero tampoco espera más. Todo es muy extraño y piensa que puede ser una trampa. Pero siente el deseo irresistible de buscar la salida. Abandona el cuarto, recorre un pasillo, se cruza con varios policías que no le hacen el menor caso, como si fuera invisible. Baja las escaleras hasta la planta principal en la que hay más actividad de máquinas de escribir y donde, incluso, se cruza con algunos detenidos esposados sentados en sillas metálicas. Está como en un sueño. Sigue avanzando hacia la salida y alcanza la calle. Ya es entrada la noche, pero puede distinguir a su marido que charla con Mario. Clara avanza un poco más y los llama. Ambos se vuelven y acuden rápido. Se abrazan muy fuerte mientras le preguntan con insistencia cómo se encuentra. Mario no puede parar de llorar y Clara se burla un poco de él. «Para Mario, que estoy entera. Nos harás llorar a todos. Estoy bien, sólo un poco cansada». Clara quiere caminar pero Mario insiste en llevarlos con su coche.

—He oído tu silbido, —le dice a su marido, que también está emocionado pero que disimulaba todo lo que puede.

—¿Sí? Qué bien, perfecto. La señora de la limpieza nos pasó tu mensaje con mucha discreción. Es increíble hasta dónde puede llegar la solidaridad espontánea de algunas personas. Si se enteran aquí dentro la echan a la calle inmediatamente.

Mientras hacen el trayecto hacia su casa explica que todo ha sido muy extraño. Es evidente que alguien ha intercedido en su favor. Alguien importante. Al final, sólo habían sido ocho horas de detención.

II

Después de la transición política del franquismo a la Monarquía parlamentaria, el PSOE obtiene mayoría absoluta en las elecciones generales de 1982. Por primera vez, desde hacía muchos años, los gobernadores civiles de las capitales de provincia del Reino de España no pertenecen ni al aparato franquista ni a la extrema derecha postfranquista. Son del partido socialista y, para colmo, en Cantabria, se trata de una mujer joven; hecho inaudito y sin precedentes. Durante toda la dictadura franquista y la transición política ninguna mujer ha ocupado un puesto político de relevancia. Esta es de Navarra y se apellida Jáuregui.

El movimiento feminista está tomando cuerpo en la ciudad de Santander. Todavía no es un feminismo muy definido y se mezcla con la creación de centros culturales femeninos, más que feministas, pero no tienen ningún local en el que reunirse y saben que la administración central del Estado dispone de varios locales vacíos y sin uso en diversas partes de la ciudad. Clara Gándara y su amiga María Luisa Pérez están implicadas desde el principio en la formación de los primeros grupos de discusión feminista. Además, representan de manera evidente la continuidad de las luchas antifranquistas con las luchas que surgen en esta nueva situación política. A pesar de que durante la República había importantes diputadas y políticas de izquierda en Cantabria, como Matilde Zapata o Matilde de la Torre, nunca se había formado un grupo propiamente feminista. Ahora, está empezando a formarse poco a poco. La idea de que una mujer joven y socialista sea la máxima autoridad del Estado en la región sobre el orden público, sobre la policía, es novedosa y diferente. Tampoco es que nadie se haga excesivas ilusiones ni con el partido socialista en el poder ni con la nueva gobernadora. Son plenamente conscientes de que la ley de amnistía de 1977 permitió que los presos políticos (no todos) salieran de la cárcel pero ha sido una ley hecha a medida de los franquistas ya que constituye una auténtica "ley de punto final" que blinda a todo el régimen y que protege desde ministros y jueces hasta al último policía de ser encausados y juzgados por sus innumerables crímenes. Es decir, una ley que consagra la impunidad de cuarenta años de genocidio franquista, sacrifica toda la memoria colectiva republicana y antifranquista y les asegura paz, tranquilidad y recursos económicos a perpetuidad. Mientras, a los republicanos represaliados y asesinados les 'permite' descansar en paz en el anonimato de las miles de fosas comunes repartidas por toda la geografía del Estado y eliminados de cualquier archivo o documento en el que pudiera aparecer su nombre y circunstancias de la muerte. Los nombres franquistas siguen marcando calles y plazas e, incluso, la estatua ecuestre del Caudillo presidirá la plaza del Ayuntamiento de Santander durante muchos años más, hasta que en 2012 fue retirada y substituida por enormes y desproporcionadas banderas nacionales colocadas de manera permanente en diferentes puntos de la ciudad. Una bandera que, por su patente parecido con la bandera franquista, es muy del gusto de la derecha realmente existente.

Clara Gándara y María Luisa Pérez tienen ilusiones, pero no son ingenuas respecto a lo que puede dar de sí esta nueva etapa "socialista" en términos democráticos y de emancipación social. Sin embargo no están preparadas para lo que se van a encontrar.

Una secretaria les hace esperar en una sala en la que el único cambio reconocible es la substitución de una gran fotografía del dictador por otra del actual jefe del Estado, Juan Carlos I. Cuando ven esa fotografía siempre piensan hasta qué punto la transición política es pilotada por el postfranquismo que, a partir de la esperanza popular respecto a la democracia, ha colocado al país bajo el nuevo régimen de una monarquía opaca, de amplísimos poderes, ajena a cualquier fiscalización, blindada legalmente contra cualquier reclamación, sin tener que rendir cuentas ante nadie. El patético intento golpista de 1981 no ha hecho más que afianzarla.

—Tenemos Monarquía para muchos años —se dicen una a otra en susurros mientras contemplaban la fotografía.

Al cabo de un cuarto de hora les hacen pasar. La gobernadora, que ahora se hacía llamar "delegada del Gobierno" es una mujer dinámica, atractiva, muy habladora, a la que ya habían informado previamente de las actividades políticas de Clara Gándara y por la que dice sentir mucho respeto y consideración máxima. Su forma de hablar tiene una cierta tendencia al parloteo nervioso, pero les pregunta con interés por el desarrollo del feminismo en Santander. Ellas le agradecen la entrevista y se muestran muy contestas de que una mujer ocupe un puesto tan importante por primera vez y le informan de la necesidad de poder disponer de un local no muy grande, pero céntrico, para sus actividades. Le explican que de momento no existe todavía un movimiento feminista propiamente dicho en Santander, ni en otras ciudades de Cantabria, pero que es necesario profundizar en esta lucha política ya que hay una demanda social cada vez más fuerte sobre la anticoncepción, por la despenalización del aborto, por la lucha contra los malos tratos, sobre la protección de las mujeres separadas o sobre tantas otras cuestiones que hasta la fecha no han sido tratadas

La delegada del Gobierno las escucha con atención y les comenta que lo ve bien y que, aunque ella no es de la ciudad, en una próxima reunión con el alcalde planteará el tema y le pedirá una lista de locales disponibles (de propiedad estatal o municipal) que puedan ser destinados a usos sociales o culturales.

La reunión va por buen camino, con mucha cortesía y educación por ambas partes y está cerca de finalizar cuando golpean en la puerta del despacho. Sin esperar a oír la respuesta, entra un hombre ya mayor que saluda muy educado a las presentes y deja un informe en la gran mesa de la delegada del Gobierno que le da las gracias ante lo cual él se ofrece para informarla de lo que fuera menester cuando ella quisiera ya que estaría trabajando en su despacho. Antes de retirarse, el hombre dirige una mirada rápida a las dos mujeres sentadas al otro lado de la mesa.

Clara palidece ostensiblemente y un escalofrío muy desagradable le recorre el cuerpo y le hace revolverse en el asiento. Las otras dos mujeres se le quedan mirando extrañadas.

—Pero este hombre es Cuervo. El policía de la Brigada Político-Social, pero... ¿qué hace aquí, por favor?

La delegada del Gobierno deja de sonreír.

—Sí, claro. Es un funcionario que todavía no está jubilado, aunque le falta poco tiempo.

—Pero... ese policía nos interrogaba, nos espiaba, nos pegaba, nos detenía y aquí está, tan tranquilo. ¡No me lo puedo creer!

—Bueno, Clara, esas son cosas del pasado. Ahora todo eso pasó. Estamos en una nueva etapa. Ese funcionario me es muy útil porque yo soy nueva y él sabe muy bien cómo funciona todo aquí dentro. Tiene mucha experiencia...

—Mucha experiencia interrogando, acusándonos de mentiras infames —Clara está empezando a subir la voz sin darse cuenta—, intentando por todos le medios procesarnos y meternos en la cárcel. Mucha experiencia torturándonos junto con sus compañeros funcionarios de mucha experiencia. Es un policía fascista que sí que tendría que estar en la cárcel o como mínimo, retirado. Y le tienes aquí. Seguramente hará contigo lo que quiera administrándote sólo la información que él quiera que tú tengas.

La cara de la delegada del Gobierno ha cambiado por completo y no oculta su enfado.

—No te pongas tan nerviosa —con la subida de tono de la conversación habían pasado a tutearse—. Te comprendo, pero estas cosas hay que superarlas. Estamos en una nueva democracia. No hay que abrir las viejas heridas.

—¿Viejas heridas? No hace ni diez años que ese policía fascista me estaba interrogando en el edificio de comisaría pegado a éste. Pídele que te lo cuente, a ver qué dice. Y no sólo a mí, sino a muchas de nosotras. Le gustaba sobre todo interrogar a mujeres.

Debe ser por el patriarcalismo que nos domina o por su pasado de seminarista reprimido, pero le encantaba ejercer su violencia sobre las mujeres. ¡Ser mujer es sobre todo ser objeto de violencia!

La delegada del Gobierno se está asustando un poco del arrebato de Clara. No se lo esperaba en absoluto. Así que decide dar la reunión por acabada.

—Sí, sí. Tenéis alguna cosa más que proponer, porque creo que ya hemos acabado, ¿no? Y no te preocupes que todas estas cosas no volverán a suceder.

—¿Ah, sí? ¿Cómo estás tan segura si te pones en manos de policías fascistas? No sólo os habéis negado a hacer cualquier depuración en la policía o en la judicatura, sino que además colaboráis con ellos. Si no los apartáis radicalmente, volverán a utilizar sus métodos contra quien sea preciso y vosotros seréis no sólo cómplices, sino organizadores, encubridores.

María Luisa, que había permanecido callada toda esta última parte de la reunión, se ha levantado rápidamente para salir y está haciendo el gesto de ayudar a levantarse a Clara. También se ha levantado la delegada del Gobierno para quien las últimas frases han sido demasiado y está a punto de echarlas del despacho a cajas destempladas, o de llamar a un policía para que las saque de allí. Se contiene, respira hondo y repite que la reunión ha acabado y que con tanto resentimiento no vamos a ninguna parte y que a ver si por fin se dan cuenta de que las cosas habían cambiado.

Hasta que no están en la calle no cruzan ninguna palabra. Clara se tranquiliza y le pide disculpas a su compañera.

—Lo siento. No puedo hablar con las nuevas autoridades. Me pongo mala. A partir de ahora, ven con otra compañera, por favor.

María Luisa se rio con ganas.

—Ha sido muy divertida la cara de susto que ha puesto la delegada del Gobierno. No se esperaba nada de todo esto... ¡Y dice que es feminista!

—Dicen cualquier cosa para justificar su connivencia con el estado profundo. Y yo… que nunca más había visto a Cuervo…, ¡sigue estando aquí! Increíble. ¿Qué hacemos. Le esperamos a que salga y le gritamos como locas en plena calle ¡Policía fascista torturador?

María Luisa se queda seria.

—Esta delegada es capaz de detenernos y que luego te vuelva a interrogar el mismo Cuervo. ¿Has visto cómo nos miraba al final?

—Sí, el susto ya lo ha tenido. Pero acabarán muy mal estos socialistas del brazo de esta gente. Muy mal. Y pobres de los que sean sus nuevos objetivos.

—Vámonos a dar un paseo. A ver si nos relajamos un poco.

Todo sigue absolutamente igual en la ciudad dormida al mediodía. Los comercios cierran. La circulación de automóviles disminuye. Los policías aburridos hacen guardia en las entradas de los edificios oficiales. Los miembros de las cuadrillas, hombres todos ellos y bien vestidos, salen de un bar para entrar en el siguiente un poco tambaleantes pero con distinción, llenos de vino los estómagos y llenos los cerebros de profundas discusiones alrededor de si es superior la velocidad punta de una motocicleta o un automóvil. Dentro de un momento, todos marcharan a sus casas, donde peor o mejor las mujeres tendrán la comida preparada.

La caída

Desde que vivía sola Clara Gándara salía a pasear por las mañanas. Dejaba la comida medio preparada, paseaba durante un par de horas, volvía a casa y comía. Tenía sesenta y ocho años y hacía dos que se había divorciado. Sus padres habían fallecido recientemente y sus hijos vivían por su cuenta. Por primera vez en su vida, las obligaciones familiares (el amoroso cuidado de sus hijos, de su marido, de sus padres) se habían reducido al mínimo. Tampoco parecía que fuera a tener nietos por el momento. No se sentía sola en absoluto. Era libre y le encantaba pensarlo. Se sentía bien. Una tupida red de amigos, conocidos y familiares le hacía disfrutar más de la vida. Seguía militando políticamente, pero sin las urgencias de otras épocas de su vida, sin embargo, seguía sintiendo la íntima satisfacción de compartir con sus compañeros causas justas. Por su carácter conciliador y tranquilo sabía sobreponerse a las discusiones internas, a los choques entre egos inflamados, a la falta de tacto de algunos. Por experiencia, sabía la importancia que en cualquier grupo tenía el factor humano, las filias y las fobias, y siempre había que contar con ello por más de acuerdo que se estuviera en las ideas generales.

Su pequeña pensión de jubilación le aseguraba una cierta estabilidad económica basada en una vida austera que le gustaba por naturaleza, ideología y costumbre, pero que no le permitía ser ella la que invitara en los bares y restaurantes. Sin embargo, lo compensaba invitando a sus amigos con frecuencia a comer o cenar en su casa. No tenía amantes. Tampoco los echaba de menos. Su tiempo era prácticamente todo suyo y decidió pasear por las mañanas y dejar para la tarde la lectura, el cine y la vida social. Salía casi todos los días. La lluvia no la desanimaba. Sólo la combinación de viento fuerte y lluvia, el "temporal" durante el cual estar en la calle implicaba acabar completamente mojada y con el paraguas destrozado, le hacía suspender su paseo hasta el día siguiente. En pleno invierno podía haber hasta una semana seguida de temporal, pero cada vez era menos frecuente. Si caminaba más de lo previsto y le entraba apetito, picaba alguna tapa en alguno de los numerosos bares que encontraba por el camino: en Santander fuera donde fuese, casi nunca faltaban. Tenía varios recorridos que dependían del viento dominante ese mañana y de su fuerza. Los días de viento Sur le encantaba bajar hasta muelle y contemplar la bahía encrespada con olas que rompían contra el espigón de Puerto Chico, que lo superaban incluso si había marea alta. El Sur, ese viento fuerte que viene de Castilla, en teoría frío, pero increíblemente recalentado y acelerado por un extraño efecto físico a su paso por la Cordillera Cantábrica. Incluso en pleno invierno, se podían ver las montañas nevadas al otro lado de la bahía y, al mismo tiempo, notar el calor agitado del viento Sur que excita y enloquece a los tranquilos santanderinos y ha provocado algunas de las mayores desgracias de la historia de la ciudad, como el terrible incendio de 1941. Pero no se puede estar mucho timepo contemplando la bahía con rachas fuertes de viento Sur que pueden tirarte al suelo o hacerte acabar empapada por las salpicaduras de las olas. Es mejor probarlo y retirarte. Sin desafiarlo. Cuando para el viento Sur después de derretir toda la nieve de las montañas siempre llueve.

El paseo preferido de Clara últimamente era salir de la calle del Sol, donde vivía, subir el paseo Menéndez Pelayo, dejar a la izquierda la finca del colegio de los Sagrados Corazones —al que fue de niña (por la entrada de los "gratuitos") hasta los doce años cuando la impidieron continuar estudiando si su familia no pagaba o se hacía novicia—, y llegar al Alto de Miranda. Ese lugar era especial para ella porque trabajó muchos años de "manceba" en una farmacia hasta que se casó con su novio que vivía allí, precisamente. A partir del Alto de Miranda tenía dos opciones: o seguir hacia el paseo de Pérez Galdós a la derecha, o bajar a la izquierda hacia los pinares del Sardinero. Normalmente elegía la primera opción. Por el tranquilo paseo del escritor canario con sus edificios aristocráticos propiedad en su mayor parte de la familia local de banqueros nunca pasaban muchos automóviles. Entre tamarindos escuálidos y rejas altas, el paseo descendía describiendo una suave curva hasta el mar. Clara siempre asociaba esa calle con el suave y húmedo viento del oeste, cargado de lluvia, que era el dominante en la ciudad. Lluvia constante más o menos fuerte pero que podía estar presente durante varias semanas seguidas. Los tamarindos se cargaban en sus hojas de gotas de lluvia y había que tener cuidado que una ráfaga de viento no hiciese caer de golpe toda esa agua sobre el paseante desprevenido.

Cuando el paseo de Pérez Galdós llegaba hasta el mar se le presentaban otras dos opciones: o continuar a la izquierda hacia las playas del Sardinero o bajar directamente hacia la península de la Magdalena. Durante todo el franquismo, esta península había estado cerrada al público. Uno de los lugares más bonitos de la ciudad y de los más excepcionales de la costa cantábrica, que había sido "regalado por la ciudad" a la monarquía borbónica y que después de decenios infrautilizado había sido "recomprado" por el Ayuntamiento.

A menudo Clara optaba por bajar hacia la Magdalena, entrar en los jardines, llegar hasta las caballerizas y parar un momento a la derecha en la playa de los Bikinis; una preciosa cala apartada del resto de las playas en la que aprendió a nadar, a tirarse de cabeza al agua desde el muro y, más adelante, a resistir lo suficiente para cruzar nadando, con marea baja, hasta la Isla de los Ratones, a unos cien metros de la costa. Allí, a cubierto de las miradas, aparecieron los primeros bikinis de Santander y todavía conserva el aire de playa popular, divertida y desinhibida, tan alejado del aire mucho más estirado y formal de las playas del Sardinero. Dejando a la derecha esta pequeña playa, ascendía diez minutos por una estrecha carretera y llegaba hasta un promontorio con un pequeño faro. A Clara le encantaba ese lugar. Se sentaba en uno de los bancos casi al borde del acantilado y contemplaba el mar. Era un lugar muy especial. A la derecha se podía ver todavía la bahía. Justo en frente, entre la bahía y el mar abierto, la gran roca pelada de la Isla de Mouro, con su esbelto faro. A la izquierda, la vista llegaba por encima del mar hasta el horizonte. En los días de temporal fuerte, en invierno, las olas rompían con tal fuerza contra ese islote solitario que eran capaces de pasar por encima convertidas en una inmensa masa blanca. El faro, inmutable continuaba emitiendo sus destellos de luz. Eso significaba que las olas, a sólo cuatrocientos metros de la costa, podían llegar a medir más de veinte metros, casi treinta. Sin embargo, en los días de viento de nordeste, el mar no se alteraba tanto; solo un poco de mar rizada. En el banco en el que se sentaba, el nordeste le daba en la cara y le despejaba las ideas. Fresco y seco, los días de nordeste (o los momentos) eran una tregua entre días y días de lluvia del oeste. Casi siempre estaba asociado al sol. Al sol frío y oscuro del norte, que despejaba la bruma y permitía ver más allá.

En esos bancos apartados y solitarios, en algunas tardes de verano de muchos años atrás, entrando furtivamente desde la playa de los bikinis, se había besado a escondidas con su novio por primera vez. De hecho el único novio que tendría y con el que se casaría tiempo después.

Clara repetía los paseos y no se cansaba de andar por los mismos itinerarios. La asociación entre el paisaje, los lugares y su vida no la aburría, más bien la divertía. Además, no siempre los rememoraba. Pero cuando los recuerdos acudían a su mente, no los rechazaba. Estaba a gusto con ellos. Le gustaba contemplar el mar, las aves que pasaban y las olas que rompían contra los acantilados, y dejar vagar los pensamientos, que casi siempre eran agradables, como quien mira al fuego, que siempre es igual, pero también es diferente.

Un día que estaba sentada en su banco al lado del faro le llegó el insistente olor de un cigarro puro. Provenía de otro de los bancos cercanos, colocados irregularmente siguiendo la línea de la costa. Le molestó y le extrañó, porque nunca había percibido ese olor en ese lugar. Era un olor persistente. Se giró hacia el viento y vio un señor sentado unos bancos más allá. Un hombre grande y grueso, muy abrigado, que debía tener su misma edad aunque aparentaba más. Con ropa muy oscura, era una especie de caricatura mala de Winston Churchill sin bombín. No le prestó demasiada atención. Clara se levantó y se fue a proseguir su paseo por el otro lado de la península, alrededor del palacio (el caserón historicista que preside lo alto del lugar) y por el camino que desciende suavemente hacia el Club de Tenis, reducto y santo y seña de la clase alta santanderina, provinciana y siempre acomplejada por tener que vivir a la sombra de la clase altísima que representaban los banqueros con nombre de bota pequeña, pero que defendía con uñas y dientes sus privilegios y sus señas de identidad, de un franquismo recalcitrante. Un poco más allá, estaba la dársena del Camello. Una de las playas en las que los jugadores de palas practicaban todos los días. A Clara le gustaba oír el sonido de la pelota de tenis golpeando contra la pala de madera maciza y la precisión y la fuerza con la que encadenaban golpes sin que la pelota tocara nunca la arena.

Aquel día para volver a casa prefirió esperar el autobús en la parada. Mientras esperaba se dio cuenta que algo en aquel hombre del puro la dejaba intranquila. Se esforzó un poco para intentar saber por qué. De dónde surgía esa inquietud. Para intentar recordar alguna situación con la que podría relacionarlo, pero fue en vano. De todas maneras deseó no volver a verlo.

Sin embargo, al cabo de dos días volvía a estar allí con su puro maloliente, sólo y contemplativo, como ella. La mala impresión que este hombre le causaba se acentuó y no era únicamente por el olor. Su aspecto de jubilado era de lo más convencional. Pero algo le molestaba más de lo normal. Se levantó y caminó hacia el banco donde se sentaba el hombre del puro sobre todo para verlo bien, de cerca. Y se llevó un susto de muerte. Notó un escalofrío en la espalda y como si le fallasen un poco las piernas. Disimuló y pasó de largo. El hombre no se había enterado de nada. Permanecía impasible mirando el mar. Pero al estar tan cerca, Clara pudo ver que tenía un auricular con su cable conectado en algún aparato que quedaba dentro de su chaqueta. Clara avanzó un poco más. Subió hasta el palacio. Respiró hondo. Se encontraba fatal. Por suerte un taxi estaba descargando unos pasajeros que iban de visita al palacio. Lo tomó y se fue directa a su casa.

No sabía su nombre, pero sin duda ninguna era el jefe de policía que la había tratado fatal en comisaria durante una de sus numerosas detenciones. Un energúmeno fascista (como casi todos, por activa o por pasiva) que con otros policías había entrado en su celda, la había insultado con los habituales "puta–roja–terrorista de mierda-te vamos a violar ahora mismo", y que incluso se había puesto encima suyo en el camastro del calabozo ante las risas de los demás secuaces. La cosa no había pasado de ahí. Se marcharon. Pero durante horas no pudo dejar de temblar y llorar. No olvida que, al día siguiente, que era sábado, notó los síntomas de la llegada de la menstruación. En aquel calabozo inmundo en el que estaba, con un agujero en el suelo para las necesidades y un grifo roñoso en la pared que desaguaba directamente en el suelo, no tenía ni toallas, ni papel ni nada con lo que lavarse. Sintió una gran angustia por no poder contener la hemorragia. Gritó que alguien le ayudara. Golpeó la puerta metálica con los puños hasta que apareció el jefe de los policías que el día anterior la había aterrorizado. Le dijo que necesitaba compresas higiénicas. Que le había llegado el periodo. El policía puso primero cara de asco y luego de sorna. «Aquí no tenemos esas cosas» —le contestó—, y cerró de golpe la trampilla. Sintió una rabia profunda que físicamente le subía desde el estómago y por un momento dejó de estar tan aterrorizada esperando los días que le quedaban para ser conducida ante el juez y saber de qué la acusaban. Por suerte, llevaba puesta una camiseta bajo la camisa. Costumbre que practicaba desde septiembre a junio y que le había costado más de una tomadura de pelo. Se desnudó y con la camiseta pudo limpiarse las piernas y hacer una especie de tapón para intentar contener el flujo.

El día siguiente era domingo y no se oía nada en absoluto. Ni siquiera se oía al borracho de una de las celdas que había sido detenido la noche anterior y con el que los policías se habían entretenido dándole una soberana paliza con las porras, para no mancharse las manos. La quietud era total.

De repente, alguien descorrió la trampilla metálica y vio la cara de un policía joven que no había visto hasta ese momento. El policía le dijo que había allí unas niñas pequeñas que decían que eran parientes de ella y que la querían ver. Y ahí mismo, detrás del policía, estaba su sobrina Belén, de doce años, preciosa en medio del pasillo de los calabozos dando la mano al policía. La escena era absolutamente irreal, como un sueño.

—Hay otra niña esperando arriba. Si quiere se la bajo, también —añadió.

Clara no se podía creer lo que estaba viendo pero la estupefacción no le impidió reaccionar.

—Belén, hija, hazme un favor. Si tienes algo de dinero ve a la farmacia de guardia de aquí al lado, que seguro que está abierta, y me compras una bolsa de compresas y me las traes corriendo. ¿Vale, linda?

Belén entendió perfectamente el mensaje. El policía dejó la trampilla abierta. Se dio la vuelta y desapareció por las escaleras del fondo del pasillo con la niña de la mano.

Al cabo de diez minutos, Belén, esta vez sola, había vuelto con el paquete que cabía por el hueco de la trampilla sin necesidad de abrir la puerta.

—Aquí tienes tía Clara. Arriba está Emilia que dice que quiere bajar a verte.

—Muchas gracias Belén, preciosa. No, mejor que no baje, que es muy pequeña. Pero… ¿cómo os han dejado pasar? No lo entiendo. Y dejar que me hicieras este recado, además. Qué suerte que llevaras dinero.

—Muy fácil. Hemos preguntado al señor de la puerta por ti y le hemos dicho que te queríamos ver y nos ha dejado pasar. ¿Cómo estás?

—Muy bien. Ahora mucho mejor. Muchas gracias. No os preocupéis. Salid rápido de la comisaria. Nos vemos pronto.

Belén se volvió y corrió escaleras arriba. Clara ya estaba abriendo el paquete y no podía dejar de pensar que todo estaba siendo un sueño. Un sueño de policías malos y policías buenos y sobrinas valientes y encantadoras. No se lo podía creer. Si los superiores se enteraban de lo que había hecho este policía le echarían inmediatamente del cuerpo. Seguramente al ser domingo, pensó, no había nadie más que él de guardia y había podido dejar pasar a su sobrina. Cuando la sacaron del calabozo para llevarla al juzgado lo buscó con la mirada, pero no pudo verlo.

Al cabo de unos años se lo volvió a encontrar y lo reconoció sin uniforme. Santander es una ciudad pequeña. Estaba trabajando en la entrada de un cine, comprobando que todas las personas que accedían al local tuvieran su entrada correspondiente. Clara lo reconoció mientras esperaba en la cola para entrar y pensó: «¡Mira este pobre siempre guardando las puertas!». Le gustó reconocerlo y cuando le tocó a ella el turno de entrar le preguntó si había sido policía y le contestó que sí. Pero con la boca muy pequeña, con evidente vergüenza y mirando para el suelo.

—¿No me reconoces? —preguntó Clara.

—Sí, te reconozco. Me acuerdo muy bien.

—Pues te quiero dar las gracias por lo que hiciste. Me vino muy bien...

Pero el expolicía no quería seguir hablando. Había cola de espectadores impacientes y era obvio que le estaba haciendo pasar un mal momento. Seguramente se avergonzaba de haber sido policía, de ser ahora sólo un portero de sala de cine, de estar hablando con ella, de toda una vida encadenando fracasos, de todo en general.

—Adiós, que te vaya muy bien.

—Adiós.

Clara esperó un par de días antes de volver a su lugar preferido. Dos veces había visto ya al energúmeno jubilado y no quería volver a encontrárselo. No podía dejar de pensar cómo era posible que semejante monstruo, sicario del fascismo más abyecto, estuviera tan tranquilo mirando al mar, como ella. Como si no hubiera pasado nada. Seguro que había recibido ascensos y honores por su carrera policial. Seguro que nadie, nunca, lo había investigado por sus torturas y sus excesos. Seguro que ni a él mismo se le había pasado nunca por la cabeza esa posibilidad. Seguro que tenía una excelente pensión. Y además, le amparaba la ley, la horrible ley de 1977. Y si quedara algún resquicio legal, algún crimen que no prescribiera, ya se encargarían los jueces y fiscales de encubrirlo, de aplicar la normativa constitucional de defensa del honor, de posponer las investigaciones, de no hacer nada, en definitiva. Igual que con las fosas comunes de los asesinados del primer franquismo. ¿Cuántos jueces habían actuado de oficio a partir de las leyes de la memoria histórica, cuando ya tenían potestad para hacerlo? ¿Cuántos jueces había ordenado de oficio la exhumación de esas fosas? Poquísimos jueces lo habían hecho. El energúmeno torturador del banco era el último eslabón de una cadena de mando que llevaba hasta la jefatura del Estado. No era más que un brazo ejecutor del terror. Pero ella le conocía. La impunidad de la que disfrutaba en la vida... con ella no servía. Sabía quién era y todo lo que había hecho, aunque era obvio que jamás sería sometido a una investigación ni jamás sufriría ningún castigo ni sanción alguna, ni tendría que rendir cuentas a nadie. No había derecho a que, ahora, le arruinara sus paseos y que le invadiera con su presencia maloliente en su lugar favorito.

Clara era consciente de la mezcla de terror y rabia que le producía el policía jubilado. Dio muchas vueltas al asunto. Lo primero que pensó fue cambiar de lugar favorito. Había tantos y tan bonitos que no tendría problemas para acostumbrarse a otro lugar nuevo. Además, con el tiempo, con lo que fumaba y con lo grueso que estaba, quizás dejara de ir por allí o se moriría, aunque no era muy mayor. Esa solución le pareció una derrota, una renuncia. Una renuncia y derrota más después de las que habían encajado desde la transición política y durante los gobiernos socialistas, hasta las leyes antiterroristas y la ilegalización de partidos políticos de izquierda; desde el referéndum de la OTAN hasta el terrorismo de Estado de los GAL; desde la reconversión industrial hasta la corrupción generalizada de los cargos socialistas con Roldán a la cabeza. La acumulación de agravios era muy larga. Sin embargo, desde el punto de vista de la mujer, un poco se había avanzado con las leyes del divorcio y del aborto, con los centros de salud, con las denuncias por malos tratos. Se había avanzado un poco porque se venía del vacío más absoluto y quedaba muchísimo por hacer.

Su problema con el policía jubilado, del que no sabía el nombre, no era sólo un problema personal. Era un problema político. Pensó en avisar a sus amigas feministas y tenderle una emboscada. Chillarle y asustarle para que no volviera por allá. Pero eso no le permitiría hacer una cosa muy importante para ella: la posibilidad de hablar con él. ¿Es posible hablar con un jefe de policía fascista jubilado? Jubilado de policía, pero no de fascista, seguro. Sí que se podía intentar, aunque el resultado era impredecible. Clara sabía que ser mujer, entre otras cosas, era asumir una situación de dominación y tener el cuerpo expuesto a la violencia. Estaba claro que el policía retirado era el enemigo por definición, el monstruo. Pero era sólo el brazo ejecutor de las diferencias de género, de clase, de sentido democrático. Era el brazo armado, el sicario del sistema patriarcal, de clase y de raza. Como también lo era, en el otro extremo, el violador o el maltratador anónimo, el marido que mata a la mujer y luego se suicida (o no).

Después de pasar el primer momento de susto y miedo, Clara se preguntó a sí misma si realmente le odiaba y la respuesta era confusa, pero más bien negativa. La irritaba profundamente la injusticia que suponía la impunidad total con la que los franquistas de toda laya habían superado la transición política. Protegidos y blindados por las nuevas leyes, por la amnistía del 77, por la constitución del 78... tan monárquicas y derechistas. Los Fraga Iribarne, los Martín Villa, los Samaranch no habían tenido ningún reparo en seguir enriqueciéndose, en presidir innumerables consejos de administración y pasear su cinismo de haber contribuido a "nuestra modélica transición política". Pero la violencia era un vínculo. Un terrible vínculo entre el torturador y sus víctimas que es muy difícil resolver. También se puede llegar a una cierta colaboración de la víctima, que puede asumir su papel perennemente, aunque sea a nivel inconsciente, para que al final el sistema patriarcal-de clase social-de raza funcione sin interrupción.

Clara analizó sus ideas y decidió que intentaría hablar con él, pero que sobre todo no quería volver a verlo por allí. Esta vez la victoria sería suya y se enfrentaría sola al monstruo para conseguirlo. Pasó muchos nervios pensándolo. Deseó que el energúmeno desapareciera antes de encontrarse. Dudó de su valentía. Pero se decidió. Si al día siguiente no llovía iría dando un paseo hasta su banco preferido y, si se encontraba con él, le hablaría.

Al día siguiente el cielo estaba nublado pero no llovía. Era una buena mañana para pasear. Arregló un poco su casa y a la hora normal, salió. Previamente, había llamado por teléfono a una amiga y le había comentado rápidamente lo que se disponía hacer en caso de encontrarlo. Por muy jubilado que estuviera, con esa gente que ha vivido ejerciendo la violencia más descarnada sistemáticamente, nunca se puede estar segura de cómo reaccionará. Podría ir armado. Su amiga Julia le dijo que la quería acompañar. Ella se negó rotundamente. Lo tenía que hacer sola. Accedió a ir con cuidado y a telefonearla sin falta el mismo día.

Cuando Clara llegó al banco, al lado del faro, junto al acantilado, no había nadie. Esa noche había llovido. El banco estaba mojado. La hierba alrededor y el suelo estaban empapados y resbaladizos. La vista era magnífica, como siempre. La marea estaba subiendo. Había una suave mar de fondo. Se veían avanzar las olas desde mar adentro y romper a cámara lenta en la Isla de Mouro y luego, justo debajo, hacerlo contra el acantilado sobre el que estaban colocados los bancos. No era un acantilado totalmente vertical. Formaba grandes escalones de piedra resbaladiza por el verdín hasta llegar al mar. No producía vértigo como los enormes acantilados del faro de Cabo Mayor.

Clara secó con un pañuelo de papel que ya llevaba preparado una parte del asiento y el respaldo de madera del banco se sentó. Pensó por un momento que si el policía no se presentaba todo quedaría así. No pensaba perseguirlo o acosarlo. Sólo quería que por lo menos no le amargara los paseos.

Al cabo de diez minutos, el energúmeno estaba allí. Apartó con una mano las gotas de agua de uno de los bancos y se dejó caer resoplando. Era evidente que no tenía una buena forma física. Se movía con la misma torpeza exagerada que Orson Welles en El Tercer Hombre. Incluso podía recordar un poco el personaje pegado a un cigarro puro.

Como si hubiera sido lanzada fuera del banco por un resorte, Clara se levantó y sin prisa pero con decisión se sentó en el otro extremo del banco del monstruo. Visto de cerca no parecía tan mayor, ni tan terrible.

—Buenos día —dijo Clara.

El policía la miró de reojo con extrañeza y dijo algo ininteligible. Había varios bancos vacíos alrededor y esa mujer había elegido justo el suyo. Como un rayo le pasó por la mente la idea que fuera una prostituta buscando clientes. Pero el entorno y el día no ayudaban mucho a corroborar esta idea. Clara se aclaró la garganta y continuó con voz alta y fuerte.

—Perdone que le haga una pregunta: ¿usted fue policía en la comisaría de la Plaza Porticada?

Ahora sí que el hombre empezó a prestar atención. La miró asombrado y a la defensiva, pero con agresividad al mismo tiempo, le contestó

—Sí, fui policía. Y a mucha honra. ¿Y a usted qué le importa?

—¿No se acuerda de mí?

—No

—Fíjese bien, ¿no se acuerda de mí?

—No

—¿Seguro?

—Ya le he dicho que no. ¡No insista, joder!

—Pues le diré que en 1974. Hace quince años, no veinte ni treinta. Fui detenida por la Brigada Político-Social. Me encerraron en un calabozo de la comisaría y usted y otros policías se divirtieron insultándome y amenazándome. Usted se tiró encima de mí. Y al día siguiente yo le pedí unas compresas higiénicas porque me había venido el periodo y no me hizo caso y me ignoró completamente...

—¿Qué dice? ¿Unas compresas? ¿El periodo? ¿Pero qué dice? —la cara de asco del policía no dejaba lugar a dudas. Era la misma cara de asco y sorna que había puesto en su momento. La sorpresa se mezclaba con el asombro por la nimiedad del caso que esa mujer explicaba en comparación con las barbaridades que realmente había cometido a lo largo de su carrera policial—. No le di unas compresas, ¿y qué? ¡Vaya asco da lo que me explica, señora!

—Cómo que y qué... Lo que me hicieron ustedes es tortura y humillación total, ¿cómo puede estar tan tranquilo?

—No la violamos, ¿no? ¡Usted misma lo está diciendo! ¿Pues de qué se queja? Era nuestro trabajo. A otras les fue mucho peor. ¡Usted no se puede quejar!

Lo dijo con vehemencia pero estaba a la defensiva. Ni en sueños se hubiera imaginado que le iba a pasar algo así.

—¿No le da vergüenza decir algo así? Que a otras les fue peor...

—No, en absoluto, luchábamos con el terrorismo, que debía de ser su caso.

—¿Terrorismo, nosotros? Ustedes y su régimen fascista en descomposición sí que eran unos terroristas.

Le salió todo seguido, sin pensarlo, llevada por la discusión. El policía retirado se enfureció, se ruborizó, se agitó en su extremo del banco. Se levantó. No era muy alto, pero su obesidad le daba un aspecto temible. Estaba muy excitado; también confundido. Había oído cosas que nunca nadie le había dicho. Y, además, era una mujer quien había hablado.

Mientras el monstruo se movía hacia ella, Clara hubiera tenido tiempo de salir corriendo. Pero aguantó sentada.

—Yo defendí la ley y el orden. ¿Me oye? ¡La ley y el orden!

Ya estaba parado delante de ella. Si quería, ya la tenía a al alcance de sus manos. Pero Clara continuó.

—¿Sabe qué le digo? Que no quiero verle nunca más por aquí. Váyase y deje de molestarme con sus puros y su presencia. No quiero verle más.

Se tapó la cabeza con las manos y los brazos para amortiguar el golpe que seguro que iba a recibir. Pero el ex policía tomó demasiado impulso hacia atrás para golpearla a su gusto mientras gritaba descontrolado que él iba donde le daba la gana. Se desequilibró, dio un par de pasos hacia atrás y la hierba y los matorrales se abrieron debajo suyo con suavidad y cayó al acantilado.

Clara oyó el grito. Vio cómo se escurría hacia abajo entre la hierba, la tierra que cedía y los arbustos. No se atrevió a acercarse directamente. Se movió en dirección al faro hacia un saliente de piedra que parecía mucho más seguro. Corrió hacia allá y pudo ver cómo en el escalón inferior del acantilado, a unos cuatro o cinco metros de distancia, el energúmeno se debatía entre terrones de tierra desprendida. Emitía unos quejidos que se oían poco. No podía levantarse. Clara miró alrededor. No había nadie. Nadie había visto nada. Una ola rompió en el acantilado. Fue una ola pequeña. Sin fuerza para arrastrarlo, pero que lo dejó completamente empapado. Clara vio cómo se agarraba a las rocas, con gestos de pánico. Llegó otra ola. También le mojó. Tampoco le arrastró. Las olas eran muy regulares ese día, de suave mar de fondo. Si le arrastraban después de romper contra las rocas era la muerte segura. Una ola más grande también podría aplastarlo contra el acantilado. El agua debía estar bastante fría. Esperó un par de olas más y sin mucha prisa fue hacia el faro para dar la alarma y pedir ayuda. Pasaron varios minutos. No muchos. El policía jubilado iba perdiendo fuerzas pero seguía agarrado a las rocas. La marea subía y las olas en cada embestida llegaban un poco más arriba. No podía mover las piernas. Era evidente. Llegó antes una lancha de salvamento marítimo que el camión de los bomberos y la ambulancia. Desde la lancha no podían hacer nada si el cuerpo no caía al mar. Los bomberos actuaron de forma rápida. Sin atarse siquiera, dos de ellos descendieron por el saliente en el que estaba Clara y llegaron hasta el cuerpo. A gritos pidieron que dejaran caer la camilla asegurada por unas cuerdas en los extremos. Las olas les batían las piernas hasta los muslos. Era una situación peligrosa y los bomberos demostraron temple y valentía. Deslizaron la camilla por el mismo hueco por el que había caído el energúmeno. Les costó bastante trabajo inmovilizarlo y atarlo a la camilla. Luego ordenaron que los de arriba comenzaran a tirar. Desde el mar la lancha se acercó todo lo que pudo sin ponerse en riesgo excesivo de chocar contra las rocas. Cuatro bomberos tiraban de las cuerdas con fuerza. Los otros dos esperaban abajo. La camilla con el cuerpo del energúmeno empezó a ascender como si fuera una momia en su sarcófago. Cuando lo tuvieron asegurado arriba lo introdujeron en la ambulancia que partió de inmediato. Uno de los bomberos que había trepado sin dificultad por el acantilado le preguntó si era ella la que había llamado dando la alarma. Clara dijo que sí. El bombero le contestó que habían tenido suerte, que sólo se había roto las dos piernas, que había tragado mucha agua y que no había que temer por su vida. Que si hubiera pasado un cuarto de hora más todo hubiera acabado con la subida de la marea. Clara se apartó a un lado para dejar maniobrar al camión que rápidamente se alejó. ¿Todo había acabado? La cosa no había salido como ella esperaba. No había duda. También era cierto que cuando se decidió a emprender una acción como la que había realizado (interpelar al energúmeno) habia puesto en marcha un proceso que nunca se sabe cómo acabará.»Si tiene las dos piernas rotas tardará bastante en poder pasear. Eso seguro. A lo mejor se le han pasado las ganas de volver por aquí». Esto había acabado, sin duda, pero en realidad nada había acabado: la impunidad de los crímenes, el silencio de las víctimas, la invisibilización de la verdad de lo que había pasado —como las imágenes que está latentes en el papel fotosensible y solo surgen cuando se sumergen en el líquido de rebelado—, la exhumación de las fosas… Sabía que la solución no era personal, sino política y que ya empezaba a ser demasiado tarde por el paso acelerado del tiempo y la desaparición de los testigos. Ella se había revuelto contra ese estado de las cosas como izquierdista y como mujer. Le había costado tomar esta determinación pero lo había hecho por militancia, porque era un deber. Se alegraba de no haber sido ella quien recibiera directamente la violencia esta vez. Y tenía muy fresca en la mente la imagen del energúmeno desapareciendo como si la tierra literalmente se hubiera abierto a sus pies, como si se lo hubiera tragado y lo hubiera expulsado después al acantilado, a las rocas, al mar, a la muerte. Le hubiera podido pasar a cualquiera que se acercara tanto al borde, pero le pasó a él. Y ella, después de pensarlo, dio la alarma. Era mucho mejor que estuviera vivo y no volviera a verlo nunca más. Incluso, a lo mejor, hasta era capaz de pensar un poco en lo que había pasado. Nunca se sabe.

Sopa de letras 1974

La mesa de la cocina estaba llena de letras. Eran letras grandes de color blanco. Estaban hechas de plástico autoadhesivo muy bien recortadas. Habían aparecido allí esa mañana y no sabíamos muy bien para qué servían. Había muchas letras y empezamos a jugar con ellas... a componer nuestros nombres. Era evidente que no habían sido recortadas a mano por la perfección del acabado. Todas las letras 'A' eran perfectamente iguales. Después de intentar escribir nuestros nombres sin éxito, nos dimos cuenta que no estaban todas las letras. Que el abecedario no estaba completo y que no había la misma cantidad de todas las letras. Había muchas aes, pero sólo una o dos oes. Tampoco encontrábamos la letra 'I'. Sí que estaba la 'U' dos veces. Las demás letras se debían haber perdido o el juego era defectuoso. Como éramos cuatro hermanos y no había letras para todos a la vez nos pusimos de acuerdo en escribir una palabra cada uno por turno. La misma disciplina que teníamos cuando había que repartir las patatas fritas u, ocasionalmente, la ración de suculentas rabas cuando nos invitaban en algún bar. En ese momento, las rabas eran contadas y repartidas de forma estricta por nuestro hermano pequeño. Si había alguna raba excepcionalmente grande valía por dos pequeñas y así hasta acabar las pequeñas extremidades de tentáculos de pulpo rebozadas y crujientes: deliciosas. El único de los recados que nos pedía nuestra madre y aceptábamos sin rechistar era bajar a la calle e ir hasta el bar 'La Flor de Potes' para comprar vino. Si tenías suerte y el local no estaba muy lleno, el dueño te obsequiaba con una raba pinchada en un palillo y volvíamos a casa con la botella de vino y masticando poco a poco el regalo para sacarle todo su sabor.

Decidimos que cada hermano escribiría una palabra y empezó el juego. La primera ronda fue de exploración: "PUERTA", "OLA", "PANA", "TAPA". Las dos chicas escribían primero, sobre todo porque eran las que tenían más diferencia de edad y la mayor ayudaba a la pequeña a componer las palabras. Luego lo haríamos los chicos. La segunda ronda fue mucho más divertida "LANA", "PUERTO", "ANO", "PEDO". Las dos últimas palabras nos hicieron reír mucho. Todo lo que tenía que ver con los pedos nos hacía mucha gracia. No sabíamos por qué, pero una de las palabras que siempre buscábamos en el diccionario era "cagar". «Expulsar excrementos por el ano». Esa definición nos gustaba porque hablaba del "ano". Descubrimos que el presidente Roosevelt en realidad se llamaba Franklin Delano Roosevelt y pensar que alguien se podía llamar "del ano" nos hacía reír a carcajadas. También encontramos otra definición pero no nos gustaba porque no la entendíamos: «Exonerar el vientre». ¿Qué significaba exonerar en este caso? Buscamos la definición y no entendíamos la relación con un acto tan concreto.

La siguiente ronda fue muy provocativa: "PALA", "PERO", "PUTA", "PUTO". Era evidente que mi hermano pequeño me había copiado y eso generó una tremenda discusión. Decidimos no aceptar la palabra "PUTO" porque todos sabíamos que eso no existía, pero mi hermano se resistía a admitirlo. Fuimos a preguntar a nuestra madre si eso existía. Nuestra madre nos miró un poco extrañada porque todos sus hijos a coro (cuyas edades iban de los doce a los siete años) preguntaban a gritos si existía la prostitución masculina. Debía de estar muy ocupada porque nos contestó con una evasiva: «No lo sé, hijos. Creo que no».

La respuesta no nos convenció pero decidimos eliminar la palabra. El pequeño se puso rabioso y compuso otra: "MUÉRETE" Dirigida a mí. Pero ésta nos gustó mucho.

Llegó a casa Mario, el amigo de nuestros padres y nos saludó mientras miraba cómo jugábamos. Hicimos otra ronda pero resultó un poco sosa: "PERA", "PELO", "MURO", "MOLER". Ya estábamos volviendo a revolver las letras cuando entró en la cocina nuestra madre. Aparentemente un poco ajeno a todo, nuestro padre leía muy serio el diario en su habitación. Aquella mañana de domingo estaba un poco más serio de lo normal. Nuestra madre nos dijo que para acabar el juego íbamos a componer una frase entera repetida dos veces. Nos miró y a gritos le contestamos que era imposible, que faltaban letras, que eso no se podía hacer y que, además, escribir dos frases iguales era impensable. Muy segura de sí misma y sonriendo se acercó a la mesa y con cuidado empezó a seleccionar las letras. Con una facilidad que nos dejó a todos pasmados escribió: "NO A LA PENA DE MUERTE" y, además, dos veces. No sobró ninguna letra. Luego nos pidió ayuda para quitar con mucho cuidado el plástico protector e irlas pegando en una chaqueta de piel vuelta marrón muy bonita que tenía. Las letras quedaron perfectamente pegadas en su espalda, aunque nuestra hermana pequeña se había empeñado en ayudar y un par de letras quedaban más debajo de las otras. No importaba mucho porque se leía muy bien. Hicimos lo mismo en la chaqueta de Mario. Las tuvimos que poner un poco más abajo porque tenía capucha y podían quedar tapadas. Llamamos a nuestro padre para que viera lo bien que habían quedado las chaquetas. Asomó la cabeza por la puerta de la cocina y dijo que muy bien y volvió a desaparecer en su cuarto. Seguro que algo raro le pasaba. Nuestra madre y Mario se colocaron las chaquetas y quedaban perfectas con el letrero en la espalda. Estaban serios pese a nuestro ruidoso orgullo por un trabajo tan bien hecho. Fueron un momento a la habitación de mi padre y cuando salieron nos dieron un beso a cada uno. Les preguntamos a dónde iban y nos contestaron que iban a misa, pero que no nos preocupáramos por nada, que allí estaba nuestro padre. Mi hermana mayor se puso a llorar. Yo no entendía por qué, pero había un ambiente un poco tenso. Eso sí, cuando los vimos salir por la puerta, tan determinados y tan serios, tuvimos la sensación que no les volveríamos a ver en una buena temporada. Era un domingo cinco minutos antes de las 12h. La iglesia debía de estar llena. Se había declarado el estado de excepción.

Las cinco de la tarde

Un enorme retrato de cuerpo entero de Franco, el dictador, dominaba la habitación. Las paredes estaban recubiertas de cortinas muy gruesas de color oscuro. Había dos sillas en las que estábamos sentados mi hermana mayor y yo. Llevábamos esperando un buen rato. No decíamos nada, pero notaba que mi hermana tenía ganas de llorar. Yo no. Para animarla un poco le dije que Franco tenía cara de idiota y que estaba muy ridículo con esa capa tan grande y el cuello de piel de leopardo. No me hizo mucho caso. Seguíamos esperando para que alguien nos viniera a buscar. Estábamos en Navidad y las autoridades carcelarias permitieron que los hijos fueran a visitar a sus madres encarceladas. Había muy poca luz. Al cabo de un tiempo que se nos hizo eterno vino una persona a por nosotros. No iba vestido de policía. Más bien parecía un trabajador, una especie de sereno con un gran manojo de llaves en la mano. Nos hizo salir y empezamos a caminar por pasillos muy largos. Abría puertas, pasábamos, y las volvía a cerrar con llave otra vez. Yo estaba un poco extrañado porque eran puertas fuertes pero bastante normales. No eran de hierro. Tampoco había barrotes. No nos cruzábamos con nadie. Todo era muy solitario y silencioso. Seguimos avanzando en silencio abriendo y cerrando puertas. No había ventanas. Al final abrió una puerta más pesada que las otras y había luz al fondo. Avanzamos un poco más y vimos que era un patio en el que daba el sol. Nos hicieron pasar al patio y nos dijeron que teníamos dos horas. Vimos a nuestra madre que estaba hablando con otra presa. Nos abrazamos. Mi hermana no podía más y empezó a llorar. Yo vi que mi madre se contenía para no llorar también. Sólo hacía dos semanas que no la veíamos. Tenía buen aspecto. Estaba sonriente y cariñosa como siempre. Le dijimos que comíamos muy bien en casa de la abuela. La otra presa también era muy simpática y nos acariciaba la cabeza. Había algunas reclusas más pero no se acercaron. Dimos una vuelta por el patio. Hacía sol y no se estaba mal. Luego entramos en una cocina bastante grande que daba a un comedor. Nos hicieron un Cola-cao con leche (aunque no era Cola–cao, era algo peor) pero ni mi hermana ni yo teníamos muchas ganas de tomarlo. Mi hermana se abrazaba muy fuerte a nuestra madre y no quería soltarla. Yo estaba bastante bien impresionado y más animado. Creo que me esperaba una versión mucho más medieval de la cárcel: cadenas, mazmorras, oscuridad total... y aquello estaba mucho mejor. Tampoco se veían carceleros pegando o arrastrando a la gente. Nos sentamos en el comedor con el Cola-cao a medio tomar. Mi hermana le decía cosas a mi madre en voz baja, como para que quedaran entre ellas. Yo le tenía cogida la mano con fuerza, pero tuve que soltarla para que atendiera mejor a mi hermana. La presa amiga de mi madre estaba siempre al lado nuestro. Se llamaba Lola. Yo no decía nada y miraba alrededor. Lola me dijo que era mejor dejarlas un momento solas y salimos al patio. Me preguntó cuántos años tenía y yo le dije que once. Me preguntó si quería que me contara una historia y para darme confianza me dijo que se había hecho muy amiga de mi madre y que serían amigas para siempre. Yo le dije que me parecía muy bien.

—Si te aburre la historia que te voy a contar me lo dices y te cuento otra, ¿de acuerdo?

Contesté que sí, claro. Me imaginaba que esa señora amiga de mi madre estaría allí por los mismos motivos políticos que ella. Pensé que a esa señora le debía de gustar mucho explicar historias porque hablaba muy bien. Aunque el inicio me pareció un poco demasiado infantil.

—Había una vez una chica joven y guapa que vivía en Santa Coloma de Gramanet, al lado de Barcelona. Muy lejos de aquí. Era muy feliz con su familia y con sus amigas. Era la más guapa del grupo y la más valiente de todas. Le gustaba ir de excursión y nadaba muy bien en el mar. Con el tiempo conoció a un hombre y se enamoró. Era muy guapo y falangista. ¿Sabes lo que es un falangista?

—Ni idea.

—Uno del partido de Franco.

—¿Se enamoró de un franquista?

—Sí… porque era muy fuerte y mandaba mucho y la gente le obedecía. Se casaron y tuvieron cuatro hijos muy seguidos.

Yo estaba muy extrañado porque no me había imaginado nunca que una mujer se pudiera enamorar de un franquista y casarse con él, además, por gusto, sin que la obligaran a hacerlo. Realmente, la historia me estaba desconcertando un poco. Pero no dije nada. Miré hacia mi madre y mi hermana y continuaban abrazadas.

—Pero empezó a haber problemas porque al falangista le gustaba vivir muy bien, pero no le gustaba nada trabajar. No era un señorito de buena familia pero no le gustaban nada los obreros que le miraban mal aunque él les pegara bofetadas de vez en cuando.

La cosa empezó a interesarme un poco más.

—No le gustaba trabajar, pero sí dar bofetadas y palizas. Y a su mujer, que estaba tan enamorada, también empezó a darle bofetadas y a decirle que era una vaga, siempre en casa con los niños y que lo que tenía que hacer era traer dinero a casa porque ya estaba bien de vivir del cuento. La chica no sabía muy bien qué hacer porque el marido falangista gastaba mucho y aunque en la tienda del barrio les fiaban sin rechistar, cada vez debían más y tenían menos dinero. Se dio cuenta que lo que más le gustaba a su marido era denunciar gente ante la policía y que algunas personas incluso le daban dinero para que no lo hiciese. Eso se lo contó el tendero, que se enteraba de todo. Las noches que volvía a casa con unas copas de más la daba una buena paliza y se echaba a dormir. Ella habló con sus padres y le dijeron que tuviera paciencia y que si hacía falta podía dejar a los niños en su casa de vez en cuando para que saliera a buscar trabajo. También habló con el cura de la parroquia que le dijo que tenía mucha suerte de tener un marido como el que tenía y no un catalán rojo separatista y que se resignara.

—¿Sabes lo que es un rojo catalán separatista?

—No

—Bueno, ya lo sabrás cuando seas mayor. La cosa es que ella tampoco sabía hacer muchas cosas para ganar un poco de dinero. Pidió ayuda en la tienda donde gastaba y como tenía muchas deudas le dijeron que perfecto, que si quería podía trabajar pero que no cobraría hasta que las deudas quedaran saldadas. Le preguntó a su marido y le dio unas buenas bofetadas diciendo que era idiota y que no entendía nada. Ella era guapa y lo sabía y le preguntó si quería que se hiciera puta. Le contestó que si se hacía puta la mataba. ¿Sabes qué es una puta?

Yo estaba con los ojos como platos y le dije que no lo sabía, aunque algo me sonaba.

—Pues también lo sabrás cuando seas mayor.

Me atreví a preguntar cómo se llamaba la chica tan guapa pero con tan mal gusto como para casarse con un franquista.

—Lola, como yo... Lola se dio cuenta que su vida cada vez se parecía más a un tango argentino, que siempre acaban fatal, con la chica muerta y el amante en la cárcel. ¿Sabes lo que es un tango?

—No

—Una canción argentina muy triste, de amor, en la que siempre se sufre mucho... Entonces Lola decidió hacer otra cosa. Se juntó con otros amigos de su barrio que conocía de antes de casarse y decidieron ganar dinero robando joyerías. Era muy fácil en aquella época. Lola se vestía muy bien y como era muy guapa y con buena figura podía parecer una mujer rica. Entraba en la joyería y empezaba a probarse relojes y joyas. Un amigo la esperaba fuera y otro en el coche. Se probaba tantas cosas que muchas quedaban en el mostrador. Luego, de improviso decía que tenía prisa y se tenía que marchar. Según salía entraba su amigo y se llevaba todo lo que tenía a mano. Muy rápido. Sin amenazas ni violencia. Corrían hacia el coche y desaparecían.

La historia me estaba encantando. ¿Qué hacían con las joyas?

—Ellos ya sabían a quién venderlas. Y de esa manera empezó

a llevar dinero a casa. Se lo daba casi todo al marido, que estaba muy contento y no preguntaba demasiado. Sólo se quedaba un poco de dinero para comprarse discos de música moderna, que le encantaba. Iba a buscar los niños a casa de la abuela. Ponía música en el tocadiscos y bailaban todos menos el marido, que siempre salía disparado de casa con el dinero en la mano. También intentaba pagar las deudas de la tienda. Al principio, todo iba bien. Sus compañeros eran gente de toda la vida del barrio. Gente legal. Le hacían mucho caso. Casi se podría decir que era la jefa. Si ella pensaba que lo que se había probado en la joyería no valía la pena, se iban a otra. Empezaron a visitar joyerías de otras ciudades y siempre quedaban a las cinco en el edificio de correos. Cada uno llegaba por su cuenta pero después del atraco huían juntos en el coche hasta otro punto en el que volvían a separarse. Todo iba muy bien hasta que un día en una joyería de la ciudad de Burgos, cuando se estaba probando unos relojes, cerraron las puertas de golpe por dentro y llamaron a la policía. Quedó detenida y su marido no hizo nada por ayudarla a salir. Pasó a la cárcel y luego de presidio en presidio recorriendo en sentido inverso todas las ciudades en las que había actuado para ser juzgada.

—Vaya lástima —dije yo.

—Pero Lola tenía un plan. En la cárcel se había hecho amiga de una presa política y se iban a asociar. ¿Sabes qué es una presa política?

—Como mi madre, ¿no?

—Pues iban a dar juntas los golpes y cuando salieran huyendo en el coche iban a lanzar desde las ventanillas toda la propaganda política y que su marido se fastidiara, que ¡ella también iba a ser de izquierdas!

Esto lo decía con entusiasmo, pero en voz muy baja, que casi no se la podía oír.

—Ahora termina el Cola–cao, que se acaba la visita.

No me había dado cuenta del paso del tiempo de lo concentrado que estaba con la historia de Lola. El carcelero ya estaba en la puerta del patio y nos buscaba con la mirada. Nuestra madre y mi hermana muy juntas avanzaban por el patio hacia la puerta. Mi hermana tenía mejor cara. Con los ojos enramados de llorar pero ya sonreía un poco. Le pregunté a mi madre cuándo iba a salir y nos dijo que muy pronto y que diéramos muchos recuerdos a toda la familia. Nos besó a nosotros, muchas veces. También Lola nos besó. Salimos y empezó el recorrido inverso de las puertas y los cerrojos.

Estábamos muy callados, pero yo notaba a mi hermana un poco más tranquila.

—Mamá saldrá dentro de poco —me dijo.

—Mamá se hará atracadora de joyerías —contesté yo—. Ganará mucho dinero. Me lo ha dicho Lola. Lanzarán propaganda desde la ventanilla del coche.

Mi hermana me miró como si fuera un extraterrestre acabado de aterrizar.

—No digas tonterías.

—¿No te lo crees? El próximo día les preguntamos. Ya verás. Lo tienen todo preparado...

Mi hermana no se tomó la molestia de contestarme. Sólo me cogió de la mano mientras atravesábamos los oscuros pasillos con sus puertas cerradas. Por suerte, antes de salir del edificio no nos volvieron a meter en la horrible sala de espera con el retrato del dictador. En la calle nos espera nuestro padre con algunos amigos. Nos preguntaron con mucho interés cómo había ido la visita y les dijimos que muy bien. Yo insistí en que mamá lo tenía todo preparado para hacerse atracadora. Estalló una carcajada general. Yo me quedé muy confundido y no volví a repetirlo. Todo el mundo pensó que era una broma que me acababa de inventar.

Las tentaciones del cura Benito

Debían de ser la seis y media de la tarde cuando el cura Benito entró en la librería-papelería en la que trabajaba nuestra madre por las tardes: La infantil. Hacía poco que estaba abierta. Previamente, el local había estado ocupado por la mercería del señor Bonfilio, que era muy bajito, siempre con boina calada y que además poseía un automóvil, un seat 850 de color verde, que tardaba más de diez minutos en aparcar ante la expectación y los aplausos de los niños de la calle. En su modestia y dignidad, el 850 contrastaba con el gran cochazo de Emiliano, el propietario de la carnicería Ona, siempre de marca extranjera, enorme y brillante, aparcado un poco más allá. Con su delantal blanco impoluto, el carnicero Emiliano salía de su establecimiento y con un plumero especial acariciaba con delicadeza su automóvil con la excusa de quitarle el polvo. Los niños de la calle no podíamos dejar de ver que el dedo meñique del carnicero, con su anillo, se separaba del resto de los dedos como si sostuviera una delicada taza de té al pasar el plumero por la brillante superficie del vehículo.

Cuando el señor Bonfilio se jubiló, su hija cerró la mercería y montó la librería-papelería, tienda de juguetes y regalos de barrio en la que pasábamos mucho tiempo cuando salíamos de clase. Estaba al lado de nuestra casa y justo en los bajos de la de mi abuela, en el número 11 de la calle del Sol. Mi hermana mayor y yo nos pasábamos las horas mirando libros, ordenando el material de papelería, abriendo las cajas de los juguetes y las cremalleras de los estuches, probando los bolígrafos y rotuladores y opinando sobre la calidad de todos los productos. Por allí pasaba mucha gente: los niños del barrio con sus madres, las madres solas y los niños solos, y todo el que quisiera charlar un rato con nuestra madre, que tenía una paciencia inagotable. Por supuesto, también pasaban por allí muchas de las personas relacionadas con la militancia política de mis padres, aunque nunca se hacían reuniones formales.

Esa tarde, el cura Benito entró muy decidido. En la tienda no había clientes y mi hermana y yo estábamos en la parte de atrás ordenando unas cajas de material que acababa de llegar. El cura Benito no sabía que estábamos allí y lo reconocimos por la voz. Nos miramos y sonreímos porque era muy pesado y venía mucho por casa. Atrapaba a nuestra madre y no la dejaba respirar durante media hora seguida o tres cuartos de hora. Nuestro padre no lo miraba con mucha simpatía, pero eso no parecía importarle porque se dirigía exclusivamente a nuestra madre.

El cura Benito era joven, nervioso, con grandes gafas oscuras, muy delgado, con pelo rizado y barba espesa. Era un cura de izquierdas que participaba en todos los actos de la HOAC, iba a todas las reuniones, y vivía con mucha intensidad todos los conflictos del conflictivo año de 1974. Mi hermana y yo nos compadecimos de nuestra pobre madre que se disponía a aguantar estoicamente otra avalancha de dudas, conjeturas, estrategias y tácticas sobre la situación política, la postura de la Iglesia, la situación de los obreros y de los partidos políticos, los presos, la lucha armada y el tardo franquismo en general. Por si esto fuera poco, el cura Benito estaba especialmente excitado esa tarde y hablaba muy fuerte. Nos imaginamos que pensaba que estaba solo con nuestra madre, feliz y contento sin nuestro padre por ahí lanzándole miradas torvas. No prestábamos mucha atención a lo que decía hasta que mi madre cerró la puerta de la librería por dentro para que no entrara nadie más. Ya era la hora, pero nos extrañó que no nos dijera nada. Yo estaba a punto de protestar, pero mi hermana me hizo una señal para que escuchara y estuviera callado, quieto y en silencio. Le hice caso, aunque no entendía muy bien lo que pasaba.

El cura Benito seguía hablando fuerte y bastante rápido. Pude entender que hablaba del mar, de las olas y la playa, pero sobre todo de las olas. Todo eso me pareció muy normal. Me encantaba ir a la playa y bañarme en el mar. Jugar con mis hermanos, nuestros primos y nuestros amigos con las olas. No entendía por qué el cura Benito le daba tanta importancia. Pude entender que no estaba solo en la playa y que la compañía era una chica. Bien, normal, todo el mundo tiene hermanas, primas, amigas a las que también les gusta ir a la playa y jugar con las olas. Bueno, a mi hermana mayor no le entusiasmaba jugar con las olas, a veces, para mi escándalo, prefería no bañarse y yo no podía entender cómo podía pasarse una mañana entera en la playa sin meter la cabeza en el agua, sin sumergirse ni refrescarse. Era por algo relacionado con el pelo y la peluquería, creo que decía. Nuestros hermanos pequeños también se bañaban por supuesto, pero más que jugar entablaban una batalla particular de lanzamientos de arena mojada e intentos mutuos de ahogamiento cada vez que llegaba una ola suficientemente grande. A pesar de ser la pequeña, nuestra hermana M. tenía la capacidad demostrada de saberse defender con creces de los ataques de nuestro hermano pequeño R. y en cualquier momento del baño le saltaba a la espalda y lo sumergía durante un buen rato. Pero había algo en la excitada perorata del cura Benito que no me acababa de explicar y era que hacía referencia a la soledad (no había nadie, ¡nadie!) y a la oscuridad (se veían las estrellas, ¡muchas estrellas!). No entendía el motivo por el cual alguien podía preferir bañarse de noche, cuando no había sol y hacía frío con la perpetua brisa fresca que siempre sopla en la orilla y que desanima a tantos supuestos bañistas mesetarios, con el mar de color negro profundo y misterioso.

Ante el silencio de mi madre, el cura Benito daba vueltas alrededor de su ola sin decidirse a hablar claro. Entendí que unas cuantas olas los habían empujado y hecho rodar entre la espuma y la arena. Conocía perfectamente esa situación, porque era muy incómodo que el bañador se llenara de arena y algas. Además, lo divertido de las olas no es que te rompan encima y te envuelvan y te revuelquen, sino estar atento al momento en el que van a romper y lanzarte en su misma dirección y aprovechar la fuerza de la ola para que te transporte en la superficie hasta la orilla. Eso da mucho gusto. Se llama "coger" olas y a mí se me daba muy bien. En el caso de que la ola no te interese siempre te puedes sumergir y te pasa por encima sin molestarte. Evidentemente, el cura Benito no tenía ni idea de jugar con las olas (quizás fuera de la Meseta, nunca se sabe) y parecía que su amiga tampoco. Yo no entendía nada y le pregunté a mi hermana en voz baja qué pasaba, que yo me quería ir a casa. Pero ella seguía escuchando muy atenta y me miró con cara de perdonarme la vida y, seguramente, pensando lo ingenuo que llegaba a ser y me dijo que parecía que el cura Benito tenía una novia.

—Y qué si tiene novia...

—Pues que los curas no pueden tener novia, tonto —¡y yo qué sabía!

Esa noticia no me interesó demasiado pero mi hermana añadió que el cura Benito había tenido una "tentación". Eso sí que me interesó. Mi hermana debía de haber atendido mucho en las clases de religión y sabía muy bien el significado de la palabra. Ante mis ruegos susurrados me dijo que era la sensación que tienes cuando quieres hacer algo que no puedes hacer y te aguantas las ganas. Pero si lo haces, eso se llama "caer" en la tentación. No sabía cómo se podía aplicar eso al cura Benito. Si era tan raro que le gustaba bañarse de noche, que le cayeran las olas encima, caerse a su vez, sobre una pobre amiga que seguramente tendría toda la espalda raspada contra la arena del suelo, allá él, no me parecía mal, allá él y ella. Pero eso es "caer" en la tentación y eso es "pecado", me dijo mi hermana y te deja la conciencia deshecha.

Esa afirmación me dejó pensativo. No entendía cómo podía afectar a la conciencia el hecho de bañarte, aunque fuera de noche. Para ilustrar su argumentación, mi hermana, que ya era muy erudita, se puso a buscar en silencio entre los libros del almacén hasta que encontró uno muy grueso, que formaba parte de una enciclopedia, buscó una página concreta y me dijo que mirara la ilustración, que me callara de una vez y que la dejara en paz. La ilustración me encantó, nunca había visto una cosa igual y me pareció increíble. Estaba llena de las figuras más fantásticas que yo nunca hubiera podido imaginar. Muchas de estas figuras eran mitad humanas y mitad animales en las posturas más increíbles y nunca vistas por mí. En medio del paisaje había un señor envuelto en una capa que levantaba la vista de un libro y te miraba con cara de miedo. Me concentré de tal manera en la visión de la pintura que no escuché nada más y para alegría de mi hermana estuve muy callado. Había tal cantidad de figuras que no sabía en cual fijar la vista. Todas eran fascinantes. La "tentación" me pareció una cosa muy interesante. Se veía un paisaje en llamas, una extraña boda, una fruta enorme abierta de la que salía una procesión de monstruos. Había un pájaro muy gracioso con un embudo en la cabeza, que patinaba sobre hielo mientras sostenía un escrito en el pico. También distinguí un huevo que se rompía y de su interior asomaba un pájaro fantástico. Esa pintura me encantó y aunque captaba el ambiente monstruoso y como de pesadilla, no acababa de entender la relación con lo que explicaba el cura Benito, que tanto interesaba a mi hermana y que había hecho que mi madre cerrara la puerta de la librería por dentro. No me atrevía a protestar y seguí mirando las increíbles figuras de la pintura. Se veían muchos cuerpos de mujeres desnudas en posiciones muy extrañas, debajo de una mesa o medio escondidas dentro de un árbol. También me di cuenta que había una gran cantidad de peces: hombres con cabeza de pez, peces extrañísimos con la boca muy abierta, como si les faltara el agua pero siguieran vivos. Además había peces que volaban y hacían naufragar a los barcos que también navegaban por el cielo. Sin embargo, por encima de este fantástico caos, había una figura que me produjo una súbita sensación de tranquilidad y bienestar, como una especie de invitación a la aventura y al viaje. Un enorme pez volador se dejaba cabalgar con mucha docilidad por un hombre gordo con turbante que llevaba de la mano a una mujer con un largo vestido y un pañuelo al cuello que ondeaba con el viento. El hombre, con la otra mano, aguantaba el extremo de una larga percha apoyada en su hombro. Al final de la pértiga colgaba un objeto esférico que podía ser una lámpara o una especie de cazuela o fiambrera. La pareja sobre el pez volador daba la impresión de despedirse de todo lo que tenían debajo y a lomos de su pez lanzarse a explorar otros paisajes, otros lugares. Pensé que quizás aquí estaba la clave de la "tentación" y de la relación con el excitado cura Benito: ¿no estaría buscando entre las olas, la arena, la noche, con su amiga desconocida para nosotros, una especie de pez volador que se llamara "Tentación" y les sacara volando de la playa, del mar y por encima de la ciudad dormida los llevara a otros lugares, a otros mundos? Mientras durara el viaje se podían alimentar de lo que contuviera la misteriosa esfera que pendía del extremo de la percha...

Se lo iba a contar todo a mi hermana cuando sonó el teléfono de la librería. Mi madre lo dejó sonar un poco pero al final lo descolgó. Desde donde estábamos pudimos oír la voz un poco enfadada de nuestro padre que preguntaba a qué se debía el retraso, que la cena no estaba preparada y que mis hermanos pequeños no paraban de pelearse. Contestó que ahora subiría a casa, que estaba charlando con el cura Benito. Yo seguía con el libro en las manos y oímos cómo, justo después de colgar, el cura Benito se puso en pie y empezó a despedirse. No sé si al final de la conversación telefónica mi padre añadió algún comentario sobre la opinión que le merecía el amigo de mi madre. Tampoco sé por qué en ese mismo momento mi hermana decidió salir a despedirlo. Pude oír los balbuceos de sorpresa que emitió el cura Benito al verla. Tanto le sorprendió que le preguntó si había oído algo de la conversación. Mi hermana contestó que no, claro, que había estado todo el rato ordenando libros y que quería ya irse a casa. El cura Benito salió de estampida y dejó a mi madre con una sonrisa que al cabo de un momento se transformó en risa de verdad. Cerró la tienda y mientras íbamos a casa comentó que seguramente el cura Benito dejaría de serlo muy pronto. Yo pensé que quizás había encontrado realmente su pez volador entre las olas y la arena.

Las Escuelas Verdes. 1972

Don Juan José era un maestro de primaria de las Escuelas Verdes (que en realidad se llamaba Escuela Nacional José María de Pereda) alto, encorvado, mayor, con el pelo blanco, lacio y peinado para un lado, siempre serio y completamente amargado. Había oído decir a mis padres que estaban intentado organizar una asociación en la escuela, que ni siquiera tenía el título de maestro, que simplemente era uno de los miembros del Movimiento o de las posiciones más bajas de la administración al que habían hecho maestro a la fuerza ante la escasez total de profesionales debido a la guerra civil y a las purgas franquistas.

Por la mañana, cuando llegábamos a la escuela, formábamos en filas separadas niños y niñas y con el brazo en alto teníamos que cantar el himno: «Isabel y Fernando, el espíritu impera. Moriremos besando la sagrada bandera. Nuestra España gloriosa ha de ser siempre la nación poderosa que jamás dejó de vencer...». Al final, los niños teníamos que gritar «¡Viva España!», pero la mayoría decíamos «¡Viva yo!», o nos quedábamos callados. No hay necesidad de remarcar hasta qué punto estos himnos y esta disciplina (luego había que subir a las clases en silencio y en fila de dos) generarían el efecto contrario: el rechazo total a todos los símbolos de esa concepción franquista de España (la realmente existente) que persistirían incluso después de la Dictadura: la bandera constitucional es prácticamente idéntica a la franquista.

Al llegar a la clase y sentarnos, si don Juan José había observado que no habíamos cantado o que habíamos alborotado o charlado en la fila, se acercaba al niño en cuestión y le daba una bofetada fuerte y seca, sin explicaciones. Luego empezaba la clase que consistía en completar los ejercicios de los cuadernos Rubio de aritmética o de lengua. Unos cuadernos amarillentos aunque fuesen nuevos. Así hasta la hora del recreo cuando bajábamos a jugar al patio. La vuelta del recreo a clase era un momento delicado porque los niños estábamos más revueltos. Era el momento del riesgo. Yo esperaba que no pasara nada, que pudiera acabar rápido los ejercicios y dedicarme a mirar por la ventana y ver el movimiento de los barcos los cambios de color del agua en la bahía misma con las mareas, que me encantaba y me distraía mucho. El peligro era don Juan José. Si algún niño no se sentaba y se callaba rápido podía desencadenarse la oscura violencia de don Juan José.

En nuestra escuela pública estaba matriculado un grupo de niños de la residencia Capitán Palacios (un patético militar "héroe" de la División Azul), que era un centro de acogida de menores sin padres o hijos de familias que no podían hacerse cargo de ellos. Eran especialmente movidos y por supuesto estaban completamente desprotegidos. Siempre se llevaban la peor parte. En una ocasión, al inicio del curso, uno de ellos (Gerardito) se revolvió un poco insolente ante una de las bofetadas de don Juan José. Rápidamente el maestro fue a su mesa a buscar la vara con la que nos pegaba y empezó a golpear a Gerardito con tal fuerza que el palo se rompió y saltaron los pedazos por el aire. Lo sacó al pasillo y lo derribó a bofetadas. Una vez en el suelo empezó a darle patadas hasta que a rastras Gerardito llegó a la puerta de la clase y pudo salir sangrando por la nariz en dirección a los lavabos. Teníamos nueve años y estábamos aterrorizados. Nunca habíamos visto ni presenciado un acto de tal violencia, ni en la más ardiente de las disputas callejeras. Tampoco habíamos visto la saña con la que alguien se podía cebar con un cuerpo mucho más débil e indefenso. Después de estos estallidos de violencia, don Juan José se quedaba muy tranquilo y se dormía un buen rato en su butaca, sobre la tarima. La clase se quedaba en un silencio total y oíamos detrás de la puerta a Gerardito, que se sonaba los mocos después de ir al baño.

Yo lo comentaba en casa, aunque ya lo habían notado por la cara de miedo con la que volvía de la escuela y porque tenía una erupción de calenturas en los labios y no había estado enfermo. Una de las primeras acciones militantes de la incipiente Asociación de Padres le fue encomendada a mi madre y consistió en ir a hablar con don Juan José una mañana antes de empezar las clases. La cara de incredulidad y de susto del maestro era digna de verse. No entendía nada ni daba crédito a lo que veía y oía: una madre de un alumno que le hablaba de criterios pedagógicos e insistía muy firme en que no se podía pegar a los niños. Nunca se había visto en una situación así. Nunca nadie había puesto en tela de juicio sus acciones dentro del aula. Veinticinco años de violencia despótica e impune se ponían en cuestión, de repente. Su única respuesta, repetida en varias ocasiones era: «Pero no puedo dejar que los niños se me suban al hombro... Pero no puedo dejar que los niños se me suban al hombro...». Una y otra vez. Totalmente desconcertado. Las consecuencias de la conversación fueron espectaculares. Ningún niño volvió a sufrir una paliza de esas dimensiones, y aunque siguió dando bofetadas sin freno, no volvió a usar la vara. Ahora tenía una nueva, pero se limitaba a golpear las mesas para asustarnos. También aumentaron sus momentos de sueño en la clase, sobre todo los viernes por la tarde, cuando teníamos clase de dibujo. Esa clase consistía en copiar, sin calcar, las láminas en blanco y negro con lustraciones que el maestro nos daba mesa por mesa. Nada más repartirlas, don Juan José se sentaba en su butaca sobre la tarima y se despertaba al cabo de dos horas con el tiempo justo de pasar por las mesas y ver rápidamente lo que habíamos hecho. Un viernes elegí una lámina que representaba una seta, la copié con mucho esmero y no me quedó mal para mis habilidades, ya que no dibujaba nada bien. A esa hora de la tarde y en viernes, don Juan José miraba lo que habíamos hecho y por supuesto no corregía nada. Al viernes siguiente no dibujé nada, nos dedicamos toda la tarde con los compañeros a jugar a la batalla naval, que es divertido y no hace ruido. (J2, tocado. J3, hundido) Al despertarse el maestro y empezar la revisión sentí una punzada de miedo en el estómago porque sólo tenía el dibujo de la seta de la semana anterior. Por no haber hecho nada en toda la tarde la bofetada podía ser monumental. Sin embargo, miró mi dibujo de la semana pasada distraídamente y pasó a mi compañero de pupitre que tampoco había hecho nada y que también le enseñó el dibujo de la semana anterior. No pasó nada. Pocas veces en la vida me he sentido más aliviado. Le cogí gusto al farol, al engaño. Lo comenté con los demás compañeros y, a partir de aquel momento, todos los niños que quisieron presentaron el mismo dibujo desde febrero hasta final de curso ante el mutismo total del maestro. Un día me crucé por la calle con don Juan José. Iba muy ensimismado mirando el suelo. Levantó un poco la vista pero no me reconoció. Sentí ganas de escupirle, de insultarle, de tirarme encima suyo y golpearle con cualquier cosa que encontrara a mano: una piedra, una lata, una botella, la rama de un árbol... No hice nada de eso, evidentemente, pero me sorprendió ese deseo tan intenso de hacer daño, de herir, porque nunca había sentido nada igual por ninguna persona, ni joven ni mayor.

Don Elí y el encofrador
Por supuesto no todos los padres eran tan civilizados, militantes y democráticos como los míos. Otros se tomaban directamente la justicia por su mano. El caso más espectacular fue, unos años después, el de un maestro llamado don Elí. Uno de los pocos que fue oficialmente expulsado de la profesión y pasó a ser taxista. Don Elí, hombre de temperamento violento también, pero mucho más joven que don Juan José y que empleaba sus mismos métodos, un día se ensañó especialmente con una niña mulata muy movida que se llamaba Nati. No recuerdo el motivo del conflicto porque Nati no iba a mi clase, pero fuera el que fuese, don Elí montó en cólera (que no era un caballo) la persiguió por los pasillos de la escuela, la acorraló en uno de los servicios y le dio una paliza tremenda. Al día siguiente, por la mañana, antes de subir a clase, en la calle de acceso a la escuela, el padre de Nati, que era encofrador, se encaró con don Elí y le recriminó de forma muy directa lo que había hecho el día anterior con su hija. Ante los insultos del padre, don Elí trató de agredirle con su paraguas a lo que el padre de Nati contestó con el periódico que tenía doblado debajo del brazo. De un solo golpe de periódico en la cabeza don Elí cayó derribado y empezó a sangrar, pero era joven, fuerte y estaba completamente loco. Se levantó y volvió a atacar al padre de Nati con el paraguas. Un segundo golpe de periódico en su cabeza ya le quitó las ganas de seguir atacando. El orgulloso encofrador pensó que ya se había hecho justicia y

se alejó muy digno entre el increíble revuelo de niños, madres y maestros que se había formado alrededor. Nadie persiguió ni recriminó al encofrador justiciero, pero algunos maestros sí que ayudaron a don Elí a ir hasta un centro sanitario (la botica de socorro, lo llamaban) para que le cuidaran las heridas que solamente requirieron unos puntos de sutura cada una. Don Elí era calvo y cuando volvió tenía un enorme apósito en la cabeza que todavía le daba un aspecto más enloquecido al que tenía normalmente y provocaba la risa disimulada de los niños. El paraguas roto quedó en el suelo y durante varios días nadie lo recogió: testigo retorcido, arma inútil, despojo destartalado de la rápida y brutal batalla que había tenido lugar. En el juicio de faltas posterior, el encofrador fue condenado a pagar una multa, pero nadie quiso testificar a favor de don Elí.

Don Jaime, 'el Pulpi'

Don Jaime era falangista militante y profesor de educación física al que jamás vimos en chándal, siempre vestido de punta en blanco. Era joven, delgado y pequeño, con bigote recortado y una calvicie avanzada que trataba de disimular con los métodos más peregrinos. Conducía un coche nuevo, bonito y potente que siempre dejaba aparcado de cualquier manera para demostrar, por si había alguna duda, que él siempre hacía lo que le daba la gana y que pobre del que le llamara la atención, que seguro que tendría problemas. No era un vehículo al que pudiera aspirar un maestro de escuela nacional como todos los demás maestros jóvenes y mayores en las Escuelas Verdes. Los niños sabíamos que don Jaime era el dueño de una discoteca en la localidad costera de Noja que se llamaba Discoteca El Pulpi, nombre que nos hacía mucha gracia porque no sabíamos si se refería al púlpito de las iglesias o a los ocho brazos llenos de ventosas de un pulpo, que en su caso, abrazaría simultáneamente a ocho clientas de la discoteca. Pero… ¿podía haber alguna clienta dispuesta a ser abrazada por don Jaime, El Pulpi? Ser horrible donde los hubiera, don Jaime miraba a todos en la escuela (maestros, conserjes, limpiadoras, alumnos, director) tan por encima del hombro (es mucho decir para alguien tan bajito) que parecía que oliéramos mal.

Nunca lo vi sin esa mirada de desprecio. Evidentemente, nuestra educación física le importaba menos que nada. Lo único que le importaba era el sueldo que, aunque pequeño y prescindible, no le suponía ningún esfuerzo y le permitía darse algunos lujos. Si no llovía, o llovía poco, teníamos que salir al patio a dar patadas a un balón. Si llovía y nos quedábamos en clase nos hablaba de fútbol o de su tema favorito: el aspecto personal. Se las daba de dandy y a sus ojos éramos algo así como gusanos, sucios, pegajosos y, en el mejor de los casos, llenos de tierra. Por lo tanto, nos hablaba de su ropa, de lo que le había costado y en qué comercio la había comprado (precio y comercio inalcanzables para todos) e insistía siempre en la importancia fundamental de llevar zapatos muy caros y siempre limpísimos y brillantes. Algunos de los días de lluvia en los que los niños no habíamos estado suficientemente callados escuchando sus estupideces (estúpidas incluso para los niños de once años) nos ponía a todos en fila y según íbamos saliendo de la clase nos hacía poner la mano y nos daba un fuerte golpe (o varios) con una regla de madera.

La Discoteca El Pulpi debía de llevarle mucho trabajo porque faltaba muy a menudo, sobre todo a las primeras horas. Un día de invierno debía de estar especialmente enfadado porque se mostró muy generoso en el uso de la regla y nos hizo mucho daño. De hecho, ese fue el único ejercicio que le vimos hacer nunca, levantar el brazo para pegarnos con la regla. Cuando llegué a casa se lo dije a mis padres que activaron inmediatamente su militancia asociativa. A la semana siguiente, al inicio de la clase de gimnasia (no llovía y estábamos en el patio dando patadas a la pelota mientras don Jaime se fumaba un puro), mi madre, presidenta provisional de la asociación de padres, fue a hablar con él. Don Jaime se sorprendió, pero no dejó que se le notara. Sólo se quitó el puro de la boca para contestar ante los argumentos pedagógicos de mi madre, que él hacía lo que le daba la gana y que no le hiciera perder el tiempo que estaba muy ocupado con la clase y que no hablaba con rojos comunistas que tendrían que estar en la cárcel y no dando el coñazo en las escuelas. Acto seguido acabó la clase y salió zumbando en su potente coche hacia Noja. Mi madre no se preocupó mucho con esta respuesta. Estaba acostumbrada a la prepotencia falangista y machista y por mucho que la hubiera insultado ya se había llevado un buen susto al tener delante una mujer diciéndole las cosas que nadie se atrevía.

No cambió nada durante el resto del curso en la clase de gimnasia. Las mismas peroratas inútiles y los mismos juegos de pelota en los días en los que don Jaime se acordaba de venir a la escuela. Noté que había atado cabos de quien era el hijo de la mujer que se había atrevido a hablar con él. Me miraba fatal, pero no hizo nada al respecto: cobraba su sueldo de maestro, pero todo lo que tenía que ver con la escuela ocupaba un espacio ínfimo en su cerebro demasiado ocupado en su coche, su ropa, sus zapatos, sus ligues, su discoteca y los beneficios espléndidos que le producía.

Durante el verano que siguió a ese curso, estando de vacaciones en tienda de campaña con toda la familia en la población de Liérganes, al lado del río Miera, en un precioso prado que nos prestaban unos amigos del pueblo, mi padre me enseñó una noticia del periódico. En ella explicaban las circunstancias del accidente de circulación que se había producido en la localidad de Noja cuando un vehículo, a altas horas de la madrugada, había salido de la carretera y se había precipitado al mar. El conductor, Jaime Piñeiro, propietario de la Discoteca el Pulpi, había fallecido. Las otras dos personas que iban en el vehículo, turistas de Palencia y Valladolid, respectivamente, habían podido salir del automóvil y nadar hasta la costa.

Recuerdo perfectamente el momento en el que leí la noticia en la entrada de la gran tienda de campaña familiar (Torre Mallorca se llamaba el modelo, de la casa Artiach) una mañana nublada del mes de agosto, justo después de volver de bañarme del río en el que abundaban las pequeñas truchas que se acercaban confiadas a nuestros tobillos, confundían el bello de las piernas con alimento y eran tan fáciles de capturar con un simple redeño. Aunque no tenían muchísimo sabor, eran bastante buenas fritas o en tortilla. Recuerdo la impresión de la lectura y los sentimientos que me causó. La perspectiva de no volver a ver nunca más a semejante "maestro" no me apenó en absoluto.

Don Benjamín, la redención Mariana y 'Jesucristo Superstar'

A los once años empecé a dejar de tener momentos de miedo en la escuela. A medida que avanzaban los cursos, los maestros eran menos salvajes e incluso algunos se preocupaban un poco de que aprendiésemos a asumir algo más que la violencia y la disciplina de la institución escolar. Causa y consecuencia directa de la violencia y de la disciplina con la que se organizaba la sociedad en aquel momento.

Don Benjamín, el profesor de quinto curso, era menos violento pero mucho más católico, un auténtico integrista, lo cual era una ventaja a esas alturas de 1974. Con la asociación de padres ya en marcha y con mis propios padres siempre atentos a intentar poner coto a las barbaridades de algunos maestros y a defender la dignidad de la educación pública, el trato hacia los niños mejoró, se dejaron de cantar los himnos a la entrada de clase y el paso del tiempo hizo que algunos de los maestros más antiguos se jubilaran. A pesar de que a algunos de los niños nos habían acusado de "comunistas" —a mis hermanos y a mí, por ejemplo—, ya éramos conscientes de disfrutar de algunos (pocos) "privilegios" en la escuela, sabedores los maestros más reaccionarios de que, a través nuestro, los excesos que se podrían producir no quedarían encerrados en secreto en las aulas y sabedores también los maestros más abiertos de que cualquier innovación pedagógica que se presentara sería apoyada sin reservas. También ayudaba a esta situación que los hermanos siempre teníamos buenas notas y que nuestro comportamiento en clase era bastante aceptable. Básicamente, estos privilegios consistían en que antes de pegarnos, los maestros se lo pensaban dos veces.

Don Benjamín era franquista, por su puesto, pero sobre todo católico, y, a pesar de trabajar en una escuela pública, le encantaba que al entrar en clase todos los niños nos levantáramos para rezar el Padrenuestro. Uno de los niños nunca se levantaba para rezar. Se llamaba Villegas y le pregunté por qué lo hacía. Me contestó que no era católico, era testigo de Jehová. No sabía lo que significaba eso, pero me gustaba que no se levantara. Don Benjamín hacía como que no se enteraba y no pasaba nada.

Al poco tiempo de empezar el curso, durante la clase de historia, don Benjamín aprovechó la ocasión para explicar los horrores que los rojos habían cometido durante la Guerra Civil contra las iglesias, los sacerdotes y las imágenes sagradas cuarenta años atrás y cómo Franco, guiado por Dios, los había derrotado, los había aniquilado y había devuelto a la Iglesia Católica su dignidad, sus símbolos y el lugar en la sociedad que nunca debió ponerse en cuestión. A la semana siguiente teníamos que contestar las preguntas de un examen sobre el tema expuesto. Aproveché para dejar caer algunas ideas que seguro que no pasarían desapercibidas si el maestro leía los ejercicios (cosa que no siempre pasaba). Escribí que durante la República había democracia y libertad y que había sido Franco quien empezó la guerra contra todo esto. También decidí que no me levantaría más para rezar, como Villegas, el testigo de Jehová. Recuerdo perfectamente la cara de asombro de don Benjamín al leer mi ejercicio y preguntarme cómo era posible que escribiera esas cosas (era posible porque yo estaba casi, casi seguro, que escribirlas no me supondría un castigo físico inmediato), que eran mentiras y que quería hablar con mis padres. Me sorprendió la tremenda confusión que el escrito le causó, evidentemente esperaba la repetición exacta de todos los tópicos franquistas que había dicho y leer algo diferente le trastornó por completo. Que quisiera hablar con mis padres me encantó. Siempre eran ellos quienes querían hablar con los maestros o con el director, don Nemesio (mayor, gordo, sucio y siempre con una colilla de puro en la boca), pero esta vez era al contrario. En la entrevista, don Benjamín dijo que yo estaba muy politizado para mi edad y que los niños no tenían que contradecir lo que explicaba el maestro, que para eso estaba él y que las familias honradas tenían que practicar los valores católicos y que, sobre todo, no dejaran ver a sus hijos una reciente y horrible película llamada Jesucristo Superstar, que era pura blasfemia.

Don Benjamín organizó una auténtica cruzada en la escuela contra esta película. Los niños no sabíamos de qué hablaba pero, para él, esa película hacía lo mismo que los rojos habían hecho con las imágenes sagradas en la Guerra Civil: era blasfemia y anticristo. Sin embargo, como pasa siempre en estos casos, su cruzada contra la película generó un desatado interés por verla entre los estudiantes sólo contenido por los horribles acomodadores del cine donde la estrenaron (todos a sueldo del Episcopado, seguro), que eran estrictísimos en la aplicación de la prohibición a los menores de dieciocho años de entrar en la sala: largas colas de adolescentes con documentos de identidad verdaderos, falsos o prestados en las manos. En la escuela no había ningún alumno de esa edad, todos éramos más pequeños, pero el énfasis de don Benjamín nos creó una expectativa tan alta sólo comparable a la decepción que sentimos cuando al fin pudimos ver la película. De momento, los conocidos (esos sí, privilegiados) que podían acceder a la sala se daban una inmensa importancia y sólo explicaban algunas partes de contadas escenas.

Al empezar la clase un viernes por la tarde, la pelota con la que jugábamos en el patio fue a dar contra la reproducción de la virgen de Murillo enmarcada en la pared. Desastre total. Se rompió el cristal, el marco quedó inservible y la imagen de la virgen niña sobre una media luna, arrugadísima. Fue mala suerte que la pelota fuera a parar a la imagen de la virgen y no al gran cartel clavado al lado mismo que mostraba la fotografía del futuro rey Juan Carlos I y el redactado de la ley de sucesión, mediante la cual se aseguraba la perpetuidad del régimen franquista.

Ante tal acto de iconoclastia, don Benjamín castigó a la clase entera a quedarnos sin patio todos los viernes del curso. Sin embargo, en esta ofensa a la Virgen María, don Benjamín descubrió una oportunidad de redención para los dos infieles de la clase: el testigo de Jehová y el criptocomunista. Al final de la clase nos llamó a su mesa y nos dijo de forma muy solemne que dado que la clase entera había sido culpable de destruir la imagen de la Virgen María, era la misma clase la que tenía que redimir el pecado y reponer en la pared otra nueva, pagada por todos los niños, para que el lugar volviera a estar santificado con su presencia y pudiéramos superar el sacrilegio cometido. De organizarlo todo teníamos que encargarnos Villegas y yo.

Me encantó la orden. En seguida vi la oportunidad de estar dando vueltas por la ciudad en lugar de ir a clase. Villegas quería protestar pero le dije que se callara y me hizo caso. A partir de ese momento, fuimos varias veces a la librería religiosa del centro de la ciudad que tenía toda una sección de imágenes sagradas. Examinamos las reproducciones, valoramos los precios. Vimos diversos tamaños y acabados. Comparamos las reproducciones de pinturas como la que había sido destruida y las esculturas. Hicimos una lista con las distintas posibilidades... Todo esto supuso mucho ir y venir, mucho paseo, mucho salir de clase cuando no tocaba y alargamos el proceso todo lo que pudimos. Al final, nos decidimos por una escultura en medio relieve de una virgen con el niño de estilo infantil que era la que menos nos disgustaba. Aunque era muy barata reunir el dinero no fue fácil. Muchos niños se olvidaban de decírselo a sus padres o directamente no hacían nada para obtener el dinero. Cosa que no me extrañaba lo más mínimo. Tuvo que ser el propio don Benjamin quien pagara, al final, la imagen. Con el dinero en el bolsillo fuimos a comprarla, nos sobró una pequeña cantidad que invertimos inmediatamente en comprar un gran sobao pasiego en la confitería Gómez, muy cerca de la librería religiosa de la calle Rualasal. Nos sentamos en un banco y nos comimos lentamente el sobao, disfrutando a cada bocado del delicioso sabor de la mantequilla pasiega y de la delicada textura de la masa. Nos lo comimos con mucha calma, pero teníamos que volver a clase. Encontramos a nuestros compañeros bastante indiferentes, pero a don Benajamin muy excitado. Deshizo inmediatamente el envoltorio, sostuvo con mucho respeto entre sus manos la imagen mientras decía que era muy bonita, muy bonita. Se dirigió a la pared, se subió en una silla y la colgó en la misma alcayata de la desafortunada reproducción anterior de la virgen de Murillo. Reunió a todos los niños alrededor de la nueva representación de la Virgen y se santiguó varias veces. Algunos niños le imitaron. Nosotros no. En su excitación, que no comprendíamos, salió de la clase y corrió a buscar a otras maestras para enseñarles la nueva imagen y todas sonreían y aplaudían encantadas. En su momento no lo entendí, pero creo que para don Benjamín, que un niño testigo de Jehová y otro de familia abiertamente izquierdista hubieran aceptado y realizado ese encargo era una especie de conversión, de redención, de triunfo del catolicismo militante, de restitución de la imagen sagrada sobre la iconoclastia y el anticlericalismo de la izquierda.

El resto del curso fuimos tratados por don Benjamín como hijos pródigos que vuelven a casa. Sentados a su derecha en primera fila. Cosa bastante incómoda por la estrecha vigilancia a la que estábamos sometidos. Y aunque seguíamos sin levantarnos para rezar, parecía que ya no le importaba y ni siquiera nos ponía mala cara. Pensé que todavía nos quedaban muchos años para tener la edad suficiente para poder entrar en el cine y ver Jesucristo Superstar. De momento, nos pudimos comprar el disco con el dinero ahorrado entre todos los hermanos. La almibarada y aguda voz de Ted Nelly resonó mucho tiempo en las paredes de nuestra casa. Aunque mi fragmento preferido era el de los latigazos, el de mi hermana era el dúo con María Magdalena, dulce y lento.

Las esculturas públicas
del doctor Ruiz Lloreda

Esa noche mi madre salió de casa a las dos y media de la madrugada. Aunque sonó muy poco tiempo, había oído el teléfono, como si esperara la llamada. Oí sus pasos por el pasillo y como cerraba la puerta de la calle con suavidad, para no despertarnos. Volví a dormir. Soñé con mi abuelo. Estaba muy serio y en tensión. Su cara estaba roja e hinchada, con extraños movimientos bajo de la piel, como si algo hirviera en su interior. Súbitamente, estalló con unas llamas que desaparecieron de inmediato. Me desperté y supe que mi abuelo había fallecido y que, sobre todo, había dejado de sufrir por el tremendo cáncer de laringe que había acabado con él. Hubiera podido sufrir muchísimo menos si el horriblemente católico doctor Lloreda (su médico) le hubiera recetado los analgésicos necesarios, incluida la inevitable morfina, para los momentos finales.

El doctor Lloreda ponía todo tipo de excusas para no administrar analgésicos fuertes incluso en estos casos de enfermos terminales, como era el de mi abuelo. Decía abiertamente que el dolor redimía, que era natural, que nos acercaba al Creador… Por más que insistió mi madre, no hubo forma de convencerlo y tuvieron discusiones muy serias. «Si el dolor es tan moralmente saludable, ¿por qué no opera sin anestesia, señor doctor?». Al final, por medio de contactos personales, mi madre consiguió de otro médico los medicamentos necesarios y esa noche mi abuela la llamó para que le inyectara la dosis correspondiente a una aguda crisis de dolor y dificultad respiratoria. Fue la última; después, eso sí, de más de cinco años de enfermedad, dos operaciones, un infarto de miocardio y un auténtico calvario médico. Corría el año 1977.

En las discusiones que el doctor Lloreda tenía con mi madre, porque era proselitista y le encantaba discutir, argumentaba que era partidario de la belleza y de la vida, de la creación divina y de la creación humana que era una consecuencia de la anterior. «La belleza nos conduce a la divinidad, pero el dolor también porque nos redime de nuestros pecados y del pecado original. Lo mismo ocurre en la creación artística, que nos acerca al Hombre, a la Naturaleza y al Creador». Mi madre no lo sabía, pero algo había detrás de tanto interés por la creación.

La inauguración fue un éxito. Estaban todos: el alcalde, la delegada del Gobierno, el presidente de la comunidad autónoma, el del Colegio de Médicos y el rector de la Universidad. Incluso, habían acudido a la cita algunos críticos de arte locales y los periodistas que cubrían los actos sociales y culturales. También estaba el presidente del Club Marítimo y representantes de la autoridad portuaria. El doctor Lloreda se había transformado en artista sin abandonar la medicina, pero ya preparando el camino de su jubilación. En la escultura encontró la síntesis práctica de sus ideas y creencias estéticas, sociales y religiosas. Había donado a la ciudad una horrible escultura en bronce que representaba una pescadora, una vendedora de pescado al detalle con su carpancho de sardinas en la cabeza, un brazo aguantándolo y otro en la cintura. No me lo podía creer. El mismo personaje que había martirizado a mi abuelo negándole los analgésicos ahora inauguraba un monumento feísimo a lado de mi casa en el que representaba a una pescadora, uno de los oficios de mi abuela. La escultura no tenía (no tiene) ningún valor escultórico. Era (es) como un ejercicio de primer curso de estudiante de bellas artes al que le hubieran propuesto una escena costumbrista con el lenguaje artístico más convencional y decimonónico posible. Sin embargo, el lugar estaba bien escogido: en Puerto Chico, el tradicional puerto pesquero de Santander, al lado del antiguo mercado.

Durante muchos años, las pescadoras compraban directamente a los barcos pesqueros, en la rampa de Puerto Chico, algunas cajas de sardinas, bocartes, si era la época de la costera, y algunas pescadillas que después vendían directamente en la calle o llevaban a las casas de las clientas. Esta venta ambulante estaba prohibida y la Policía Municipal podía incautar el pescado y multar a las pescadoras. Recuerdo perfectamente a mi abuela vendiendo un pescado fresquísimo, que casi no olía, en el portal de su casa, en la calle del Sol número 11. Lo pesaba en una romana que me encantaba, con una bandeja sostenida por unas finas cadenitas metálicas que sostenía con una mano mientras que con la otra cambiaba el lugar del plomo que marcaba en una pequeña barra horizontal el peso exacto de la compra. Otras pescadoras menos honradas colocaban un doble fondo en la bandeja para que pesara más y engañar de esta manera a las clientas, pero mi abuela Emilia no lo hacía. Cuando acababa, lo recogía todo, no quedaba ni rastro, de hecho quedaba mucho más limpio que antes. Casi nadie regateaba y mi abuela era generosa con las cantidades. También subía a algunas de las casas del extremo más rico de la calle del Sol para entregar los encargos. Todo era bastante rápido por su carácter clandestino. Y de niña, mi madre y su hermana montaban guardia en cada extremo de la calle para avisar si venía la policía. Pero las clientas ya sabían dónde y a qué hora la podían encontrar.

No todo el pescado se vendía, también hacía trueques por pan, patatas u otros productos. Mi abuela, además, fiaba tanto en los trueques como en las ventas si alguien no podía pagar al contado, aunque en ocasiones fuera imposible cobrar lo fiado. En la cocina de casa de mi abuela había una gran mesa de mármol muy blanco. También había una fresquera que daba directamente a la calle. Siempre estaba todo limpísimo y con un suave olor a pescado fresco. En 1968 pudo instalar una pequeña caldera eléctrica para el agua caliente de la fregadera y la ducha. Hasta ese momento, el agua se calentaba directamente en los fuegos de la cocina, pero la vasija siempre se había fregado con agua fría. Recuerdo el gusto que le daba a mi abuela, a partir de ese momento, abrir el grifo y sentir en las manos el chorro de agua tibia. Un día, mientras lavaba los platos me dijo: «Y yo que no quería el calentador, que me parecía inútil, ahora ¡qué contenta estoy!».

Qué poco sabía de todo esto el doctor-escultor Lloreda. La misma impostura, hipocresía y paternalismo que tenía hacia el sufrimiento de mi abuelo lo tenía para la representación del oficio de mi abuela. Qué horrible condescendencia ética y estética del privilegiado que desde su bienestar blindado sobre un mar de injusticia y desde su catolicismo bobalicón mira hacia los trabajadores y exalta ese aspecto pintoresco de lo popular que tan del gusto de las clases altas españolas siempre ha sido, aunque no tuviera nada que ver con la realidad de la dureza del trabajo. Que los pobres mueran con dolor o se maten a trabajar, que eso les redimirá. Pero amamos tanto a las clases populares que les elevamos monumentos pintorescos en el centro de la ciudad y nos mezclamos con ellos a tomar vinos en los bares de Puerto Chico. Eso sí. Que no se les ocurra intentar entrar en el Club Marítimo, que no serán bien recibidos o que no se les ocurra reivindicar sus derechos, que serán debidamente apaleados.

Amamos lo popular desde la altura de nuestros privilegios, como los señoritos aristocráticos miraban a los pastores, a las lavanderas, a los campesinos, a los pescadores, a los artesanos, a los gitanos del cante jondo y el baile. Podemos exaltar lo popular sin reconocer ni uno solo de sus derechos, como una forma de diversión, como ir a los toros o a una verbena. Como una profundización de la diferencia social que suponen los privilegios, ya sean de clase social o directamente políticos en su relación con el franquismo. Los mismos valores de religiosidad hipócrita que guiaron la vida profesional del doctor Ruiz-Lloreda, la misma cruel condescendencia hacia los trabajadores/pacientes, eran los mismos valores estéticos que plasmaba en sus esculturas: convencionalismo, pintoresquismo, aceptación de todos los clichés de la representación figurativa más simple. En el doctor Ruíz–Lloreda lo ético y lo estético se unieron de forma indisoluble en su condición de cruel franquista por acción u omisión y de católico hipócrita tan lleno de buenos sentimientos que siempre creyó hacer el bien, tanto con sus terapias inútiles y desalmadas como con sus penosas esculturas.

Gracias a la militancia de mi madre por una muerte digna, mi abuelo pudo ahorrarse algunos sufrimientos postreros, aunque muchos menos de los que podría haberse evitado. Me gustaría saber cuánto sufrió el doctor Ruiz–Lloreda en sus momentos finales y si su apología del dolor era sólo para los demás (los más desfavorecidos) o también para él. Por la mediocridad de sus esculturas, tiendo a pensar en su mediocridad moral y que no se aplicaría a sí mismo la condena del dolor y el sufrimiento que infringió a los demás.

'La Romera'

Hacía muchos días que no paraba de llover. Una lluvia suave, abundante y continua que teñía de color verde las tapias y las aceras; que no dejaba que las botas y los chaquetones se secaran de un día para el siguiente; que hacía imposible secar la ropa recién lavada en los tendales al aire libre y tenía que ser repartida por toda la casa, cerca de las estufas; que impedía salir a jugar al patio de la escuela; que provocaba los más increíbles cambios de color en la superficie del agua de la bahía, siguiendo las corrientes de los ríos y las mareas cuando el agua dulce y llena de limo marrón se unía al agua salada del mar, mucho más limpia y densa, que humedecía y arrugaba los libros de clase y los cuadernos. Una lluvia que por momentos parecía eterna y que para nosotros no dejaba de ser habitual.

Las gotas de lluvia brillaban en la superficie negra y acharolada del tricornio del número de la Guardia Civil que entró en la oficina del Banco de Bilbao de la población de Renedo de Piélagos. Las gotas de lluvia también resbalaban por su enorme capote, que le llegaba a las botas. Detrás del primer número, entró el segundo, con el mismo bigote, la misma lluvia y años y años de brutalidad e impunidad en sus gestos y su pose. Sólo eran dos, pero hacían el efecto intimidatorio y anacrónico de cuatro, como arrancados de las fotos de la represión obrera de los años veinte o de la Guerra Civil. Su aspecto antediluviano, su imagen extemporánea, contrastaba con la decoración suavemente pop, años setenta, de la oficina bancaria. A esa hora, en la oficina, sólo había tres empleados: el director, el cajero y mi padre. La pareja de la Guardia Civil habló brevemente con el director, que señaló a mi padre y acto seguido lo detuvieron. Le permitieron coger la gabardina pero no el paraguas. Preguntó varias veces por qué lo detenían y la única respuesta fue que tenían orden de hacerlo y no querían esperar ni un minuto más.

El tono de la respuesta no admitía réplica y sólo preguntó que a dónde le llevaban, le contestaron que a la comisaría de Torrelavega. Mi padre pidió al cajero que llamara a su familia en Santander, para informarnos de lo que estaba pasando. No le pusieron las esposas, pero el furgón estaba muy sucio, oscuro y maloliente. Se pusieron en marcha y por una pequeña obertura mi padre pudo ver a través de la lluvia las instalaciones de la central lechera SAM, desde la que el dirigente falangista Hedilla, organizó el asesinato del periodista Malumbres, director del diario progresista de Santander La región, que había tenido la osadía increíble de denunciar, treinta años atrás, cómo se desviaban fondos de esa cooperativa a la financiación de partidos de derecha y extrema derecha.

Por la actitud de los policías, que no era demasiado violenta, mi padre dedujo que el motivo de la detención no debía ser algo excesivamente grave. También era consciente de que la Guardia Civil, cuerpo policial militarizado extremadamente clasista, se ensañaba sin piedad con los gitanos, los pobres, los trabajadores y los marginados, pero mostraba al mismo tiempo, un respeto intuitivo ante todo lo que representara el poder y el capital. El traje, la corbata, la buena presencia, el hecho de trabajar en un banco y no en una fábrica o una obra de construcción, protegieron más a mi padre que cualquier apelación a los derechos humanos o a la garantía procesal de los detenidos y le ahorró los culatazos, los golpes y los insultos y todas las demás humillaciones que de manera preventiva y con un sadismo automático infringían siempre a los detenidos. Por otro lado, las actividades políticas, cívicas y sindicales de mis padres siempre les exponía a una eventual detención ya fuera basada en una mentira, una sospecha o cualquier otra acusación que un juez, el gobernador civil o la propia policía consideraran oportuna. Sobre todo, teniendo en cuenta el estado de excepción que se vivía en aquel momento y que permitía todo tipo de abusos policiales. También era consciente que una ausencia no justificada ni permitida del puesto de trabajo podía ser causa de despido fulminante y eso sí que le provocaba una gran inquietud si la detención se prolongaba durante varios días.

Esa misma tarde fuimos mi madre, mi hermana mayor y yo en tren a Torrelavega. Los hermanos mayores no volvimos a la escuela después de comer. Los pequeños, cuando salieran, irían directamente a casa de la abuela. La librería La infantil permaneció cerrada. No era raro para nosotros ir de visita a la cárcel provincial de Santander los sábados por la mañana porque en numerosas ocasiones había algún familiar o amigo detenido de forma preventiva. Yo no sabía la diferencia con claridad, pero ir a una comisaría era muy diferente que ir de visita a una cárcel: en la primera no había horas de visita ni un espacio dedicado a ello, ni los presos recién detenidos tenían derecho a ver a nadie más que no fuera su abogado. Pero en ningún momento vi a un abogado por la comisaría de Torrelavega. Todo dependía de la voluntad del comisario jefe o de los policías que estuvieran al mando en cada momento. Llevábamos una bolsa de viaje preparada con comida, ropa limpia y útiles de aseo para mi padre. Los detenidos en las comisarías siempre estaban en una situación lamentable entre la incertidumbre de la siempre demorada visita al juez, los malos tratos y la suciedad de las celdas y los calabozos. Tampoco sabíamos si aceptarían la bolsa, si nos dejarían verlo un momento o no podríamos hacerlo. Si le dejarían salir esa misma tarde (cosa poco probable) o lo dejarían preso. Lo que sí sabíamos era que el apoyo era imprescindible para los detenidos, que no se sintieran solos del todo a pesar de estar realmente tan desprotegidos.

Mientras íbamos en el tren, nuestra madre nos dijo que no tenía la menor idea de la causa de la detención, pero que en la comisaría nos lo comunicarían. Ella era experta en disimular las preocupaciones y, mientras el lentísimo tren avanzaba, mi hermana y yo jugábamos a la batalla naval en las páginas cuadriculadas de un cuaderno (C1, hundido. B3, tocado) El paisaje húmedo que se veía a través de los cristales empañados y surcados por ríos de lluvia tampoco era muy bonito. Antes de llegar a Torrelavega, en la estación de Barreda, me fascinaba siempre la visión de una inmensa fábrica con unas enormes y anchísimas chimeneas de las que salía un denso vapor blanco. Larguísimos tubos de color gris, muy gruesos se superponían unos a otros y por encima de todo ello circulaban, colgadas de cables horizontales, unas grandes cajas metálicas como si fueran las cabinas de un teleférico inacabable que en lugar de escalar una montaña (como el de Fuentedé, en Liébana, el único que conocía) se movían en horizontal. Mi hermana y yo mirábamos la fábrica entre hipnotizados y atemorizados desde la ventanilla del tren y no teníamos ni idea de lo que podría pasar en su interior si el exterior era tan increíble.

Cuando llegamos a la comisaría de Torrelavega, el edificio estaba en obras. Era mucho más pequeña que la de Santander y el agente de la entrada con el que hablamos no fue especialmente grosero. Estaba mucho más preocupado por las obras y el trasiego de albañiles que por nosotros. Le dimos la bolsa, la recogió y nos dijo que esperáramos sentados en un banco contra la pared. Insistimos en que queríamos ver a nuestro padre. También mi madre le preguntó el motivo de la detención y el policía nos contestó que no lo sabía y lo más seguro es que fuera cierto. Al cabo de poco tiempo nos permitieron pasar a una sala más grande separada de otro espacio por una puerta amplia hecha de tela metálica que recordaba más los cerramientos de los gallineros en las granjas que a una cárcel. Además, la precaria puerta estaba abierta para permitir el paso de los operarios. Un policía vigilaba la sala, pero lo primero que pensé fue que no era nada difícil salir corriendo de allí con un poco de decisión: había que atravesar tres puertas abiertas y los policías parecían mucho más aburridos que agresivos. No les veía yo muy capaces de salir corriendo de estampida detrás de un prófugo lanzado a la carrera y mucho menos alcanzarlo. Le dije a mi hermana que era muy fácil fugarse de allí y me dijo que me callara. El policía que vigilaba gritó: «¡visitas!» y ,del otro lado de la tela metálica, se acercaron varios hombres. Uno de ellos era nuestro padre. Nos sonrió. El contraste con los otros reclusos era espectacular. Aunque se había quitado la corbata seguía con el traje de trabajo puesto y, aunque tenía el gesto un poco tenso, sonreía todo el rato. Su camisa tan bien planchada por mi madre (le duraba dos días) estaba en las antípodas de la del hombre más joven que estaba a su lado y, por supuesto, de la del vagabundo que dormía plácidamente en un banco del fondo. El chico joven lo miraba a él y luego a nosotros con una curiosidad enorme, como si no entendiera para nada qué hacíamos allí. Más tarde, mi padre nos dijo que le habían detenido conduciendo un coche robado y que durante las noches habían charlado mucho sobre todas las cosas de la vida (del chico, entendimos). Lo que sí que nos comentó entonces fue que no sabía de qué le acusaban ni cuál era la causa de la detención pero que tenía que ser algo relacionado con Torrelavega, porque de lo contrario lo habrían llevado a la comisaría de Santander y que, con suerte, esa misma tarde o por la noche lo llevarían ante el juez de guardia para aclararlo todo.

Había unas sillas de madera y nos sentamos a esperar. Era una situación curiosa porque el policía vigilante no daba muchas muestras de querer echarnos y, de vez en cuando, entraba y salía algún pintor o albañil saludando con mucha naturalidad. Mis padres charlaban en voz baja a través de la tela metálica y aunque no podíamos entender lo que decían, hablaban con el mismo tono suave que mantenían en casa después de cenar, que podíamos oír desde nuestras camas y que era tan relajante antes de dormir. Le comenté a mi hermana que esta comisaría me gustaba mucho más que la cárcel de Santander porque era más pequeña. Desde que habíamos visto a nuestro padre, mi hermana estaba más tranquila. Se habían tocado los dedos de la mano a través de la tela metálica y él le había dicho que estaba muy bien, que no le habían pegado ni nada. Esa idea me alarmó un poco… ¿por qué tendrían que pegarle si no había hecho nada de nada? Ni se me había pasado antes por la cabeza.

Sentado en la silla, ante la tranquilidad reinante, me quedé dormido apoyado en mi hermana. Soñé que era verano, no llovía y estaba en el interior de nuestra tienda de campaña. Me despertaba y, aunque mis hermanos continuaban durmiendo, yo habría la cremallera poco a poco desde el saco de dormir y veía el maravilloso panorama del prado en el que nos dejaban acampar, debajo de unos grandes perales, al lado del río Deva, en el que nos bañábamos sin parar con la presencia imponente al fondo del pico Agero al que habíamos subido en muchas excursiones. Me dio tanto gusto esta visión que me desperté y vi al policía y a mis padres que charlaban y a mi hermana a mi lado y le pregunté si el próximo verano iríamos de vacaciones a Lebeña.

—Claro que sí, ¿por qué no? —pero me dio la sensación que no lo decía muy convencida. Yo pensé que a lo mejor tenía miedo de que no dejaran salir a nuestro padre hasta el verano, pero no dije nada para no poner peor las cosas.

Nuestra madre nos advirtió que ya nos íbamos a marchar, que era muy tarde. Yo contesté que nos quedáramos hasta que viniera el juez, pero mi madre nos dijo que el juez no venía, que era al revés, que los detenidos tenían que ir a ver al juez.

Al día siguiente, mi padre seguía allí. Sonreía, pero no tenía tan buen aspecto. Había dormido poco porque había charlado mucho con el ladrón de coches y a un borracho detenido los policías le había hecho callar a base de golpes. Las noches en las comisarías no eran tranquilas, las condiciones higiénicas eran desastrosas y la alimentación, casi inexistente. Además, con las obras había que avisar para ir al lavabo y los vigilantes, si no les apetecía moverse en aquel momento, hacían como que no oían nada. Nos acomodamos como pudimos en la sala a esperar el traslado al juzgado. Al cabo de un momento, empezamos a oír gritos desde la calle y los policías se inquietaron. No era un rugido enorme, pero se oía muy bien. Un grupo de personas se había parado en la puerta de la comisaría y gritaba: «¡libertad, libertad!». El policía de la entrada vino a buscar a mi madre y le dijo que si no se callaban nos echaban a toda la familia a la calle y se acababan las visitas para siempre.

Salimos los tres y, al vernos, el pequeño grupo (eran cinco o seis personas, nada más) aplaudió con fuerza. Allí estaban algunos de los amigos y compañeros de militancia de mis padres que el día anterior no habían podido venir, pero que ya se habían organizado. Nos sonrieron y abrazaron y a mí me encantó verlos allí, tan dispuestos a ayudar. Mi madre les explicó que estábamos esperando para ir al juzgado, que no sabíamos cuál era la acusación, que mi padre estaba muy bien, y que no se preocuparan. Nos ofrecieron sus casas para ir a dormir, a descansar o a comer y nos dijeron que ya habían contactado con el abogado habitual para estos casos (no por buena persona y desinteresado, mejor abogado) Pasados unos minutos, uno de los amigos más próximo de mi madre en Torrelavega, José María, se acercó a nosotros y con la cara muy preocupada nos dijo que la moto que tenía, una Vespa, estaba aparcada en la calle cerca de su casa y que ya no estaba en su sitio. Que había recorrido todo el barrio y que no aparecía. Mi madre le preguntó sin darle demasiada importancia si se la había llevado la grúa o la habían robado y si la había dejado mal aparcada. Pero el problema no era ese sino que el maletín estaba lleno de propaganda de la ORT y la cerradura no era muy de fiar. La cara de José María estaba bastante pálida. Yo había visto unos papeles de propaganda similares de la Organización Revolucionaria de Trabajadores y estaban llenos de hoces y martillos y estrellas (supuestamente rojas, pero negras en la humilde reproducción monocolor) por todos lados y de proclamas exaltadas. Cualquiera que hubiera visto esa propaganda prohibida en un maletín abierto hubiera podido denunciarlo, sobre todo si el que lo hubiera visto fuera un policía municipal de ronda por el barrio de José María.

Hasta los niños nos dimos cuenta que había sido un fallo bastante grave y bastante tonto, además. Mi madre le recriminó un poco: «Pero ¿cómo se te ocurrió dejar la propaganda en la moto sin cerrar bien el maletín? Seguro que alguien te vio hacerlo y fue a mirar el contenido para acto seguido llamar a la policía. Además la moto todavía está a nombre de mi marido porque no has hecho el cambio de nombre como dijiste. ¡Vaya fallo, José María! Seguro que es esa la causa de la detención». Hablaban bastante bajo y yo no entendía nada. Mi hermana estaba más atenta y pensé que luego me lo explicaría todo. Mi madre pidió tranquilidad al grupo hasta que pasara una hora y que luego volvieran a hacerlo si todavía podían estar ahí. Entramos rápidamente en la comisaría. El policía de la entrada tenía aspecto aliviado al haber cesado griterío y como ya sabíamos el camino fuimos a hablar con mi padre.

—Todo esto, la detención es por la moto.

—¿Por la Vespa?

—Sí, la Vespa. Parece ser que estaba en la calle llena de propaganda de la ORT. Seguro que la policía la ha incautado.

—Pero si le dije a José María que se la regalaba a condición que le cambiara el nombre del propietario!

—Pues ya ves. No lo había hecho todavía... Está ahí fuera, pálido y muy preocupado.

La cara de mi padre se relajó porque sabía que ese hecho no era muy grave: posesión de propaganda ilegal. Poca cosa. Además, si el maletín estaba abierto siempre se podría alegar que él no sabía nada y que vaya usted a saber quién había dejado esos papeles ahí. Evidentemente, sin su consentimiento, porque él no vivía allí, sino a treinta kilómetros de distancia. Mi padre sonrió ante tanta preocupación de José María y admitió que no era tan difícil cambiar el nombre y que a quién se le ocurre dejar ahí los papeles. «Lo que más me preocupa a mí es cómo se lo van a tomar todo esto en el banco... ya veremos», dijo.

Mi hermana y yo habíamos escuchado toda la conversación y mucho más intrigados por la causa de la detención que por sus consecuencias, nos pusimos a pensar en la moto en la que años atrás, antes de comprar el Simca 900 que tenía ahora, mi padre nos había llevado de paquete muchas veces. La moto, una Vespa muy bonita, desapareció un día y no volvimos a pensar en ella. «Todo ha sido por culpa de la moto», me dijo mi hermana. Pero yo no entendía que tenía que ver mi padre con la moto si ya no era suya y la propaganda ilegal tampoco. «Es por la matrícula —me dijo—, que sigue a nombre de papá». Yo no había caído en la cuenta que la matrícula estaba a nombre de alguien. Pensaba que una moto era como una bicicleta, que la tienes o no la tienes y que no había nada más, ningún papel ni matrícula. No lo entendí del todo pero sí que la matrícula, con sus números y sus letras, estaba ligada a un nombre concreto además de al propio vehículo. Le pregunté si también salía el nombre de la moto, porque me habían dicho que tenía nombre: 'La Romera'. Mi hermana me dijo que no lo sabía pero que seguramente que sí. Entonces, continué: «por todo lo que me cuentas el que tendría que estar detenido sería José María, ¿no?». «Eso parece», me contestó.

Me alegró mucho llegar a esta idea porque si todo era a causa de una confusión de personas y de no cambiar no sé qué papeles, me parecía perfecto que nuestro padre saliera y que entrara José María, así nosotros podríamos volver de camping ese verano a Lebeña con nuestras tiendas de campaña. Todo bien. Pero había otra cosa que tampoco acababa de entender:

—Si nuestro padre ya no necesitaba la moto porque se había comprado un coche para ir a trabajar y salir de vacaciones en verano, ¿por qué no la vendió?

—Porque la tenían mucho cariño a la Vespa. Le habían puesto nombre y todo: 'La Romera'.

—Eso me suena a mí también. ¿Por qué tanto cariño a una moto?

—Porque habían ido de viaje de novios desde aquí hasta Mallorca en la moto. ¿No te acuerdas de las fotos?

—No mucho.

—En el álbum de casa, tontito, hay varias fotos del viaje de novios. En una se les ve a los dos a la entrada de la tienda de campaña, sentados, muy jóvenes y muy guapos. Papá más sonriente, mamá con cara un poco de preocupada, parece jovencísima.

—Me gustan las tiendas de campaña. ¿Lo llevaban todo en la moto?

—Sí, iban de camping.

—También hay otra foto en el avión del Tibidabo en Barcelona, que es como un parque de atracciones y de unos espejos que te hacen parecer enano o muy gordo. Y unas fotos de Mallorca en una playa con unos parasoles de paja, como si fuera el techo de una cabaña.

—Debe de ser bonito ir a Barcelona y a Mallorca.

—Luego en el tren le pediremos a mamá que nos cuente todo.

Desde la calle se volvieron a oír los gritos de libertad, libertad y los policías se volvieron a poner nerviosos. Ahora había más gente y el vigilante de la entrada vino a decirnos que ya estaba bien y que teníamos que marcharnos ahora mismo, todos. Nos despedimos de nuestro padre hasta el día siguiente. Recogimos nuestras cosas y en el momento de salir a la calle ya estaba llegando una furgoneta cargada de antidisturbios. José María nos vio y se abalanzó hacia nosotros para apartarnos del alcance de los policías que habían bajado ya de la furgoneta y estaban a punto de cargar. Y así fue. Los antidisturbios empezaron a perseguir a los pocos manifestantes que se habían concentrado. Nuestros amigos corrían más, pero también algunos policías, a pesar de sus gruesas barrigas, corrían bastante e incluso los alcanzaban y les pegaban duro con las porras, pero no parecía que detuvieran a nadie por el momento.

José María nos acompañó hasta la estación mientras se disculpaba con mi madre y decía que lo sentía mucho y que toda la culpa era suya, que todo esto no tendría que haber pasado y que esperaba que nuestro padre no tuviera problemas con el banco por esto. Nuestra madre en lugar de estar enfadada parecía consolar a José María, a pesar de que él mismo le insistía en que tenía la culpa de todo. Mi madre sólo le dijo que tenía que tener más cuidado, pero con buen tono, como si no hubiera pasado nada importante. Yo sabía perfectamente lo que tenía que hacer José María: entregarse y que saliera mi padre. Pero no dije nada.

Al día siguiente, cuando salimos de la escuela para ir a comer a casa, nuestro padre ya estaba allí. Nos pusimos todos los hermanos muy contentos porque había salido por fin de la comisaría después de hablar con el juez y, además, normalmente, a esa hora nunca estaba en casa porque siempre estaba trabajando y comía cuando volvía, mucho más tarde. Yo estaba muy contento pero había algo que no acababa de entender. Pregunté si esa tarde teníamos que volver a la comisaría de Torrelavega. Todos me miraron como si fuera un auténtico selenita. «No, no —me contestaron todos a coro—, ¿por qué tendríamos que volver?».

—Pues a visitar a José María, que seguro que está preso, porque se habrá entregado para que saliera libre papá, porque él es el culpable de todo. Lo ha dicho y yo lo he oído. No me lo invento.

Mis padres me explicaron con muy buenas palabras que esto no era una película del oeste. Que el juez le había impuesto una multa que en cualquier caso no pagarían y que el nombre de José María no había aparecido en ningún momento en la declaración ante el juez.

—Pero él dijo que era el culpable, que yo lo oí —insistí.

—No te preocupes por eso. Es mucho mejor que nadie esté detenido, ¿no crees?

—Sí, mucho mejor. ¿Pero iremos este verano a Lebeña con la tienda de campaña?

No se esperaban esa pregunta y menos en pleno invierno. Sonrieron y me siguieron la corriente.

—Claro hijo, claro. Cuando lleguen las vacaciones de verano.

Respiré muy aliviado mientras mi hermana decía que este niño estaba muy raro y que sólo hablaba de tiendas de campaña.

La comuna de Trasmiera

La playa de Langre está situada en la costa de Cantabria, en Trasmiera, a unos treinta kilómetros de Santander en dirección a Laredo. Es una preciosa y larga playa, muy abierta, al pie de un acantilado no muy alto. Los pastos llegan hasta el borde mismo y la hierba, de un verde muy intenso y segada como si fuera casi un campo de golf, le da un aspecto muy fresco incluso en pleno verano. Las olas del mar de fondo rompen muy despacio por la poca inclinación del suelo de arena y esto ha hecho que sea un centro de primer orden para los surfistas. Pero uno de sus atractivos fundamentales es que en uno de los extremos todavía conserva una histórica zona nudista. Una de las pocas zonas nudistas de las playas de Cantabria conseguida a base de esfuerzo, de perseverancia, y de no parar de pelear con los policías y los bañistas intransigentes que se negaban a que nadie se bañara desnudo.

En la zona nudista de la playa de Langre estaba la mañana soleada del día del mes de julio en el que cumplía cincuenta años. Esa misma noche había quedado para celebrarlo con la familia y los amigos en el bar El Rubicón, de la calle del Sol —nuestra calle—, pero durante una semana me había permito el lujo de alquilar una autocaravana y desplazarme perezosamente de playa en playa entre Asturias y Cantabria. Había tenido suerte con el tiempo y esa misma tarde tenía que devolver el vehículo y acudir a mi propia fiesta. De momento, había quedado en la playa con mi amiga Martina, una de las invitadas a la fiesta que hacía mucho que no veía. No le había preguntado si le gustaba estar desnuda en la playa, pero supuse que no le importaría. Yo ya tenía preparado el picnic de ensaladilla rusa y filetes de pollo empanados que había cocinado en la furgoneta. Martina no tardó en llegar un poco sofocada por el paseo en bici desde Somo, donde había llegado desde Santander atravesando la bahía con la lancha que unía las dos poblaciones. Estaba muy guapa. Nos saludamos y se fue a bañar inmediatamente sin quitarse el bikini. No hizo ningún comentario al verme desnudo. Quizás le dio apuro después de tanto tiempo sin vernos hablar sobre eso, a pesar de ser evidente, porque en esa zona de la playa todas las personas iban desnudas.

El mar estaba espléndido. Una suave mar de fondo enviaba olas muy bien recortadas hacia la orilla con una parsimonia veraniega casi excepcional. No había resaca ni apenas corriente en un medio día soleado, que en su promesa de bienestar ocultaba la facilidad con la que en esos mares cambiaban las condiciones meteorológicas que podían transformarse de idílicas a borrascosas en cuestión de minutos. De momento, se estaba de maravilla. Las olas eran ideales para los aprendices de surfistas o para dejarte arrastrar por ellas hasta la orilla si eras lo suficientemente hábil para saber cogerlas. A mí me encantaba hacerlo y me dejé transportar por las olas hasta la misma orilla varias veces. Martina, aunque hacía muchos años que ya no vivía en Santander, no se había olvidado de esta técnica y competimos los dos para ver quién llegaba más cerca de la arena sin nadar, impulsados únicamente por la fuerza de la ola una vez que había roto. Íbamos bastante empatados aunque al final ganó Martina. Volvimos al parasol, nos secamos un poco y empezamos a comer. Brindamos con las cervezas y recordamos que hacíamos esto mismo durante los veranos de la adolescencia y la juventud hasta que los estudios universitarios, la vida profesional y amorosa, nos llevaron a lugares muy diferentes y alejados. Le quise agradecer su amabilidad por querer acudir a la fiesta de mi cumpleaños y por haber encontrado el tiempo para hacerlo, cosa que nunca pensé.

—Que va, que va. No hay por qué agradecer nada. Lo he hecho con mucho gusto. Así aprovecho para ver lo que queda de mi familia. Muchas felicidades. Y por cierto, me ha encantado el paseo en lancha, la bicicleta y esta playa preciosa.

—Luego podemos volver con la furgoneta. Si quieres.

—No, creo que volveré con la lancha, pero puedes dejarme en el embarcadero de Somo si te va bien. Pero dime, ¿por qué querías que nos viéramos aquí, precisamente?

—Porque quería charlar contigo y enseñarte un sitio. Y te recuerdo que casi, casi, somos hermanos, o primos como mínimo. Que, precisamente, tú encontraste que mi padre es el testigo en el acta de tu nacimiento.

—Sí, nuestros padres fueron muy amigos en los años de la lucha política aunque luego perdieran el contacto y siguieran cada uno por su camino.

Brindamos por la lucha política antifranquista y bebimos un buen trago de cerveza fresca, que después del baño en el mar sabe a gloria.

—Te quería comentar dos cosas. La primera es que estoy escribiendo una serie de cuentos que se van a titular "Relatos militantes" que tratan sobre todo de las aventuras políticas de nuestros padres vistas desde la perspectiva de los niños, de los hijos de los militantes. Hay varios temas más, algunos de los años treinta, como el asesinato del periodista Malumbres, por ejemplo, pero básicamente el tema central es este. Todos están relacionados, o tienen que ver de alguna manera con la lucha antifranquista en Santander durante los años sesenta y setenta. La segunda cosa es una sorpresa que luego te enseñaré.

Martina me escuchaba muy atenta, concentrada, con el ceño un poco fruncido. Parecía completamente ajena al ambiente playero, nudista y relajadamente sensual que nos rodeaba, y entró de lleno en el giro tan serio que había tomado la conversación.

—No sabía que escribieras, pero me alegro. Yo tengo poco tiempo para leer, pero me encanta, me gusta mucho. Además, aquellos años fueron muy intensos y muy movidos, también para los niños que éramos.

—Tu padre sale en algunos de los relatos…

—Sí claro, si hablas de ese tema no me extraña. Todos estaban muy implicados.

Martina estaba muy seria. Quizás más de lo que el tema requería. Yo estaba un poco sorprendido por su reacción y desvió el tema de conversación hacia la comida.

—Oye, Toño, ¡qué bueno todo! Vaya picnic de primera que has organizado.

—No es muy original. Igual al que hacía mi madre cuando éramos pequeños, pero peor, claro.

—Los sabores de la infancia... ya se sabe. A veces se pueden recuperar, pero nunca del todo.

—¿Cómo está tu padre, Martina?

—Muy mayor, ya tiene noventa y dos años. Pero bien. Bueno, un poco pesado, realmente. Por cierto, ¿en esos cuentos de qué hablas?

—Intento hablar de las diferentes formas de militancias en las que estaban implicados nuestros padres y también de hechos históricos concretos. como la manifestación del uno de mayo de 1968 (la primera después de la Guerra Civil). En ese relato hay un personaje que recuerda mucho a tu padre, por cierto. Hablo de las detenciones, de las campañas en contra de la pena de muerte, la participación en las primeras asociaciones de padres, en las asociaciones de vecinos y algunas cosas más.

—Ya veo, y los protagonistas son nuestros padres. ¿Y los dejas como héroes?

—Como héroes no, pero hay que reconocer que luchar contra el franquismo en aquella dictadura horrible y con los riesgos tan reales y tan directos que asumían, tiene mucho mérito. La represión actual, que también existe y es bastante intensa, es muy diferente a la de entonces, en cualquier caso. También me gustaría reflejar precisamente lo contrario de lo heroico: la militancia dentro de lo cotidiano, en la calle, en la escuela, en el trabajo, en las asociaciones y, sobre todo, aunque no en todos los cuentos, desde la mirada de los niños. Nuestra mirada, la de mis hermanos, que pese a todo el lío, tuvimos una infancia muy feliz.

Martina seguía seria a pesar de las cervezas que habíamos tomado, del buen tiempo y del picnic del que ya no quedaba casi nada.

—Pues precisamente aunque tengamos la misma edad y hayamos vivido en un lugar y un contexto muy similares, yo no fui una niña muy feliz, ya ves.

—Ah, no lo sabía. Nunca me lo habías comentado. ¿Por culpa de la militancia política?

—En parte sí. Yo sabía que todos teníais una imagen muy buena de mi padre: intelectual, comprometido, trabajador, que asumía riesgos, valiente y que además era guapo y alto.

—Sí, siempre tuvimos esa imagen. Es cierto.

—Y al contrario, siempre pensasteis que mi madre era un poco neurasténica, inestable, caprichosa… ¿Verdad? Pues esto no se lo he dicho a nadie, aunque lo he hablado hace tiempo con mi padre y con diferentes psicólogos, pero yo de niña siempre pensé que estorbaba a mi padre, que yo estaba siempre de más, que molestaba continuamente con mi presencia, que sobraba. Si mi padre leía el diario no se podía hacer ruido, si estudiaba o trabajaba en casa, mucho menos. Aunque casi nunca estaba en casa. Nunca recuerdo haber tenido muestras de cariño ni de alegría familiar. Mi casa era muy silenciosa y triste. Mi hermano mayor era mucho mayor que yo y tampoco contaba conmigo para nada. La relación de mis padres entre ellos no iba bien hasta el extremo que él se fue de casa. Yo pensaba que éramos muy muy pobres por la vida tan austera que llevábamos. Casi sin regalos en Navidad. Y luego me enteré que de pobreza, nada de nada. Que teníamos bastante dinero pero que no se decía nada, más bien se disimulaba. Mi padre era ingeniero en una multinacional y tenía un sueldo buenísimo, además de muchas ventajas económicas añadidas. Con mi madre me llevaba mucho mejor, aunque no estaba bien de salud, realmente. Mi padre siempre fue correcto con las formas y nunca nos faltaba lo básico. Nunca gritaba ni daba órdenes. Pero siempre frío. Sin ningún tipo de cariño ni calidez.

Nunca había visto a Martina hablar de ese modo. Sin parar. Yo estaba callado y casi inmóvil. Las cervezas y el ambiente veraniego no la habían alegrado, pero le hacían hablar y compartir esos recuerdos y sensaciones tan íntimas y escondidas hasta ese momento.

—De hecho esto me ha preocupado toda la vida —continuó—. Siempre tenía una cierta tristeza, una cierta angustia que no podía sacarme de encima de ningún modo y no me dejaba vivir tranquila. Y no veas lo que me he gastado en visitas a los psicólogos. También lo he hablado directamente con mi padre después de la muerte de mi madre. Y él dice que lo siente pero es que es así: frío, racional y obsesivo cuando profundiza en alguna cosa. Como ves, mi experiencia es muy diferente de la tuya.

Martina nunca me había comentado nada de todo esto. Más bien al contrario, había colaborado a difundir la buena fama de su padre y a intentar reivindicar a su madre. Lo dijo todo de un tirón, sin parar ni darme oportunidad de replicar.

—Y ahora voy a dormir la siesta.

Se puso cómoda en la toalla, debajo del parasol y en pocos segundos su respiración ya demostraba que se había quedado dormida.

Me impactó mucho su confesión (no sé si se podía denominarla de otra manera) y al verla allí, dormida y confiada, pensé hasta qué punto no conocemos a las personas más próximas. Martina, siempre tan guapa y tan simpática, con una auténtica cola de admiradores siempre detrás suyo entre los que elegía siempre los más guapos (no los más inteligente, ni las mejores personas) y los más arrogantes. Indefectiblemente, pasado un tiempo, los abandonaba sin inmutarse. Ella, que siempre daba esa sensación de seguridad en sus cambios de trabajo y de ciudad de residencia, había estado siempre en tratamiento psicológico por la falta de cariño de su padre a quien, sin embargo, cuidaba ahora con tanto afecto a sus noventa años y que incluso se había cambiado de piso para estar cerca de él. A sus cincuenta años, Martina seguía siendo muy guapa, tanto que tuve que ponerme boca abajo para intentar dormir un poco yo también. Cosa que no conseguí.

Me levanté muy despacio y fui a bañarme otra vez. Los aprendices de surfistas se caían continuamente y se daban golpes contra sus propias tablas. La marea había subido y la playa era un poco más estrecha y con más densidad de visitantes. Ya empezaba a proyectarse la sombra del acantilado sobre la arena. Volví al parasol y Martina ya se había despertado. Le dije que si quería darse un baño ya lo recogía yo todo, y se fue hacia la orilla. Me preguntó si iba a escribir sobre todo lo que me había contado. Dudé, en realidad no sabía muy bien cómo encajarlo en todo el escrito, pero le contesté que nunca lo publicaría sin su permiso. Que cuando tuviera listos los cuentos se los enseñaría para que los leyese y me los comentara y que, en cualquier caso, siempre utilizaría nombres ficticios. No sé si le dejé muy convencida, pero se fue caminando hacia la orilla, cada vez más cercana a medida que subía la marea. Cuando volvió, me preguntó directamente por la segunda cosa que le iba a explicar.

—Ya veo que no te olvidas de nada. Ahora verás.

Acabamos de recogerlo todo. Subimos hacia la furgoneta y miramos hacia atrás, hacia el espléndido espectáculo de la playa, del mar, las olas, el acantilado, en un último esfuerzo de fijarlo en la mente, como si pudiera ser la última vez que lo contemplábamos. Martina me miró. Me leyó el pensamiento y me dijo que sólo cumplía cincuenta años, no cien, y se rio un poco de mí. Me defendí diciendo que siempre hay una última vez para todo, aunque no seamos conscientes.

—Venga, no exageres. A ver… qué me quieres enseñar.

Colocamos la bicicleta en la furgoneta y arrancamos despacio para pasar entre las otras furgonetas aparcadas entre las que destacaban aquellas que habían sido acondicionadas con mucha imaginación y colorido por sus bronceados propietarios. A mí me hacía gracia ese aire entre hippie, surfista y muy snob, pero a Martina no le gustó nada y dijo que le parecían unos «pijos» insufribles. Salimos de la zona de aparcamiento y avanzamos por una carretera muy estrecha paralela al mar con preciosos pastos muy bien segados a ambos lados. La luz rojiza de la tarde daba un ambiente de placidez total al paisaje. Conducía muy despacio y me daba cuenta de que Martina se ponía impaciente por no saber a dónde nos dirigíamos. Al cabo de unos quince minutos de camino llegamos a un edificio grande y muy sencillo con un rótulo hecho a mano que anunciaba un albergue de peregrinos. La finca era muy extensa. De hecho no se veía el final de la cerca y la presencia de un corral con animales y un huerto bien cuidado le daban un aspecto de granja modesta.

Aparcamos la furgoneta y entramos en un recibidor austero, amplio y limpio. En el mostrador, dos peregrinos mayores y cansados que acababan de llegar eran atendidos por un hombre joven de rasgos latinoamericanos que por la forma de hablar y moverse podía asegurarse que era sacerdote o, como mínimo, seminarista. Cuando hubo dirigido a los peregrinos hacia las duchas nos preguntó a nosotros si también lo éramos. Yo le contesté que era más nudista que peregrino pero que queríamos ver el albergue. El joven sacerdote, que era bastante fino, nos dijo que nos veía muy vestidos para ser nudistas pero que aunque el albergue era más de peregrinos que de nudistas podíamos visitarlo a nuestro antojo aunque nos recomendaba no desnudarnos por los pasillos porque no podía responder del comportamiento de los peregrinos, no por cansados menos rijosos. Martina no pudo no reírse de nosotros al oír la conversación y cuando avanzamos por los pasillos su cara de incredulidad ya no admitía una respuesta.

—De acuerdo, ya sé que quieres saber por qué estamos aquí. La respuesta es muy sencilla: aquí es donde estuvimos a punto de vivir de niños.

—¿Aquí? ¿En un albergue de peregrinos?

—No siempre fue un albergue. Este terreno y este edificio tenían que haber servido para albergar la comuna que nuestros padres quisieron organizar hace cuarenta y cinco años.

—Es cierto… la comuna… No sabía que era aquí.

—Varias familias de amigos con hijos. Cinco en total. Se decidieron a comprar estos terrenos, que eran muy baratos, para construir una pequeña comunidad con servicios comunes y apartamentos para cada familia. Unas familias estaban más entusiasmadas que otras, pero tomaron la decisión. Tenían que vender sus propios pisos en Santander para pagar los gastos. Hubiéramos sido hermanos de verdad, jugando por estos pastos. ¿Qué tal nos hubiéramos llevado?

—No lo sé. Yo era una niña un poco amargada. Sin embargo, la cosa no les salió bien.

—No, en absoluto. He preguntado a mis padres y aunque no lo dicen con claridad, la causa parece tener que ver con que el arquitecto que contrataron para elaborar el proyecto acabó enamorándose y formando una pareja con la hija de una de las familias, que era casi una niña.

—Demasiado amor libre para aquella época de enamoramientos secretos y tradición cristiana. Demasiado escándalo y discusión entre la pareja afectada.

—Todo el proyecto se detuvo. Revendieron los terrenos rápidamente y nadie tuvo que vender su casa ni salir de ella. Los terrenos fueron adquiridos por un cura obrero de buena familia, Ernesto Bustio, que había recorrido medio mundo en su Land Rover, y montó este albergue.

—Pues no está mal el albergue. Se ve bien cuidado. ¿Y era esto lo que querías enseñarme con tanto misterio?

—Sí, sólo esto. ¿Decepcionada? Aquí hubiéramos podido tener una infancia diferente. Como mínimo vivir un poco de otra manera.

Martina dio una vuelta sobre sí misma. Miró a su alrededor. Y dijo que conociendo a las cinco familias casi mejor que la cosa no hubiera avanzado mucho, que más tarde todo hubiera sido mucho peor.

Ante tal ejercicio de realismo yo no contesté y empezamos el camino de regreso hasta la entrada. Pese a ser un albergue y estar en verano no nos habíamos cruzado con nadie todavía. En la entrada, el sacerdote latinoamericano nos sonrió. Yo le pregunté por Ernesto Bustio, el cura obrero propietario del terreno.

—Está muy bien don Ernesto, muy mayor pero bien. Ya no viaja tanto y se dedica a su parroquia del barrio San Francisco en Santander. ¿Lo conocen ustedes?

—Sólo un poco. Por nuestras familias. De la época de la lucha antifranquista.

En lugar de profundizar en esa época, el sacerdote, demostrando un ejemplar espíritu práctico, dio un giro a la conversación.

—Pues si ustedes son amigos de don Ernesto a lo mejor les gustaría ayudar a la fundación y comprar estas bolsas de caricos producidos por los presos de la cárcel de El Dueso en su huerto.

—¿Caricos?

—Una especie local de alubias rojas pequeñas y sabrosas.

—Caricos que los presos de largas condenas han plantado y visto crecer con paciencia y constancia. Caricos regados por las mismas lluvias que caen aquí. Caricos del huerto de la siniestra y enorme prisión de El Dueso, que se puede ver desde la playa de Berria mientras los turistas juegan con las olas.

—Claro que sí. Denos cinco bolsas de caricos, por favor. Esta noche tenemos una fiesta y los repartiremos.

—¿Se venden mucho?

—No demasiado. A los peregrinos que les explico esta historia les da un poco de aprensión. A ellos que son libres y no paran de moverse les debe de parecer de mal augurio comprar estos caricos producidos por gente que no puede salir más allá de su celda, condenados a la inmovilidad permanente. Además, no tienen tiempo ni saben cómo prepararlos. Hay que tener paciencia.

Martina y yo salimos del albergue con las cinco bolsas de caricos. Las cargamos en la furgoneta. El sol ya se había puesto en un espléndido anochecer de verano cantábrico. Antes de arrancar Martina no pudo contenerse y exclamó:

—Comunas, presos, peregrinos… y caricos…. Venga, vamos a la fiesta, hermano. ¿Esto también vas a escribirlo?

ÍNDICE